공부습관 달라지는 책

300만 독자를 사로잡은 일본 최고의 **교육심리학자**
사이토 다카시가 공개하는 **공부습관**

사이토 다카시 지음
한성례 옮김

습관을 바꾸면 공부에 자신감이 생긴다

공부습관 달라지는 책

비전코리아

Good study skills

14일 만에 공부가 습관이 되는 기술

'오장육부에 스며든다'는 말이 있다. 어떤 일이 몸에 밴다는 뜻인데 그렇게 되려면 최소한의 시간이 필요하다.

예를 들어보자. 공부를 할 때, 시작하고 처음 한두 시간은 컨디션이 궤도에 오르지 않지만 뒤로 갈수록 차츰 가속도가 붙고 진도도 잘 나가는 것을 느낄 수 있다. 싫어하는 과목을 공부할 때도 마찬가지다. 처음에는 괴롭게 느껴지지만 2주째로 접어들면 첫째 주와는 느낌이 판이하게 달라진다. 첫째 주에 애매하던 내용도 2주째 즉, 14일 후면 마치 콩이 발효 과정을 거쳐 된장이 되듯 구체적인 의미를 터득하게 된다.

한 가지 테마에 몰입해서 눈에 보이는 성과를 얻는 데 필요한 최소한의 시간이 2주일이다. 이는 필자가 직접 '신체감각'으로 터득한 것이다.

어떤 테마든 단 2주일만 노력하면 잘 담근 된장의 맛처럼 노력의 결실을 얻을 수 있다. 그 후에는 가속도가 붙고 차츰 몸에 익어간다.

하리라 생각했다. 선생님께 배우러 다니는 것도 오래 가지 못할 것 같았다. 그래서 조금 호강에 겨운 일이기는 하나 방문 레슨을 받기로 했다. 그것도 3주에 한 번, 한 시간 동안 레슨을 받기로 했다.

이때의 목표는 '잘하는 것'이 아니라 '계속하는 것'이었다. '이 곡을 완벽하게 연주해 보자'거나 '발표회까지 앞으로 며칠 남았으니 틀리지 않게 연주하자'라는 목적 같은 건 처음부터 없었다. 기를 쓰고 하면 싫증이 날 게 분명하니 너무 오래 연습하지 않겠노라 다짐하고, 오로지 3주에 한 번만 레슨을 받았다.

그것이 효과를 발휘해 지금은 완전히 습관이 되었다. 전에는 상상도 하지 못한 '음악을 하는 나, 악기를 연주하는 나'가 되어 이전과는 전혀 다른 정체성을 갖게 되었고, 세계는 생각지도 못한 긍정적인 방향으로 확장되었다.

자극을 주는 인물과의 인연 맺기

지적 단련을 위해서는 '사람과의 인연'도 빼놓을 수 없다.

고등학교 시절, 우리 학교에는 "내가 곧 물리다"라고 말하는 독특한 캐릭터의 물리선생님이 있었다. '물리와 만난다는 건 곧 나와 만나는 것이다. 내 안에 물리가 있다'는 것이 그분의 철학이었다. 선생님은 물리를 가르치는 단순한 매개체가 아니라 스스로가 물리의 '체현자'였다. 어쨌든 선생님의 물리 수업은 무척 재미있었다.

선생님의 수업을 들으면 학생들은 좋은 성적을 받아야 한다는 강박

관념은 잠시 잊고 그저 물리를 좋아하게 되었다. 선생님의 인품 덕에 선생님이 가르쳐주시는 물리까지 저절로 좋아진 것이다.

나는 지금도 인연의 소중함을 알려주신 훌륭한 선생님을 만난 것이 내 인생의 더없는 행운이라고 생각한다. 물리를 전공하지는 않았지만 선생님과의 만남 덕분에 '지적 탐구'를 즐길 줄 아는 사람이 되었기 때문이다. 이처럼 '사람과의 인연'은 두뇌 단련에 없어서는 안 될 자극제이다.

14일 후의 나를 기대하라

이 책에서 내가 추천하는 '자신의 벽을 깨뜨리는 방법'은 힘으로 부수는 것이 아니라 '벽 자체를 얇게 만드는' 방법이다. 벽을 장지문처럼 얇게 만드는 것이다. 이를테면 침 묻힌 손가락으로 조금만 누르면 찢어질 정도를 말한다. '나도 모르게 찢고 싶어지는' 벽으로 만드는 방법이다.

재미가 붙어서 손가락에 더 많은 침을 바르고 더 많이 누르다보면 조금씩 구멍이 커지고, 그 구멍과 구멍이 이어져서 결국에는 벽이 무너지는 그런 방법이다.

'자신의 벽'을 깨기 위해 필요한 시간은 단 2주일. 그 시간을 즐기며 2주일 후의 자신을 기대하기를 바란다.

CONTENTS

06 chapter 다각적인 관점으로 문제 바라보기

07 chapter 하나를 듣고 열을 아는 힘, 추리력

08 chapter 공부하는 사람은 대화가 다르다

09 chapter 한정된 시간을 여유롭게 쓰는 법

10 chapter 올라운드 공부법을 추구하라

Good study skills

필요나 목적이 확실하다면 스스로도 놀랄 만큼 공부에 열중하게 될 것이다. 반대로 목적도 의미도 생각하지 않고 단지 '시험이 코앞에 닥쳤으니까' 혹은 '공부나 한번 해볼까?'라는 마음으로 시작한다면 제대로 된 성과를 기대하기가 어렵다. 그것은 공부를 위한 공부인 셈이다. 지루함과 고통의 극치이다.

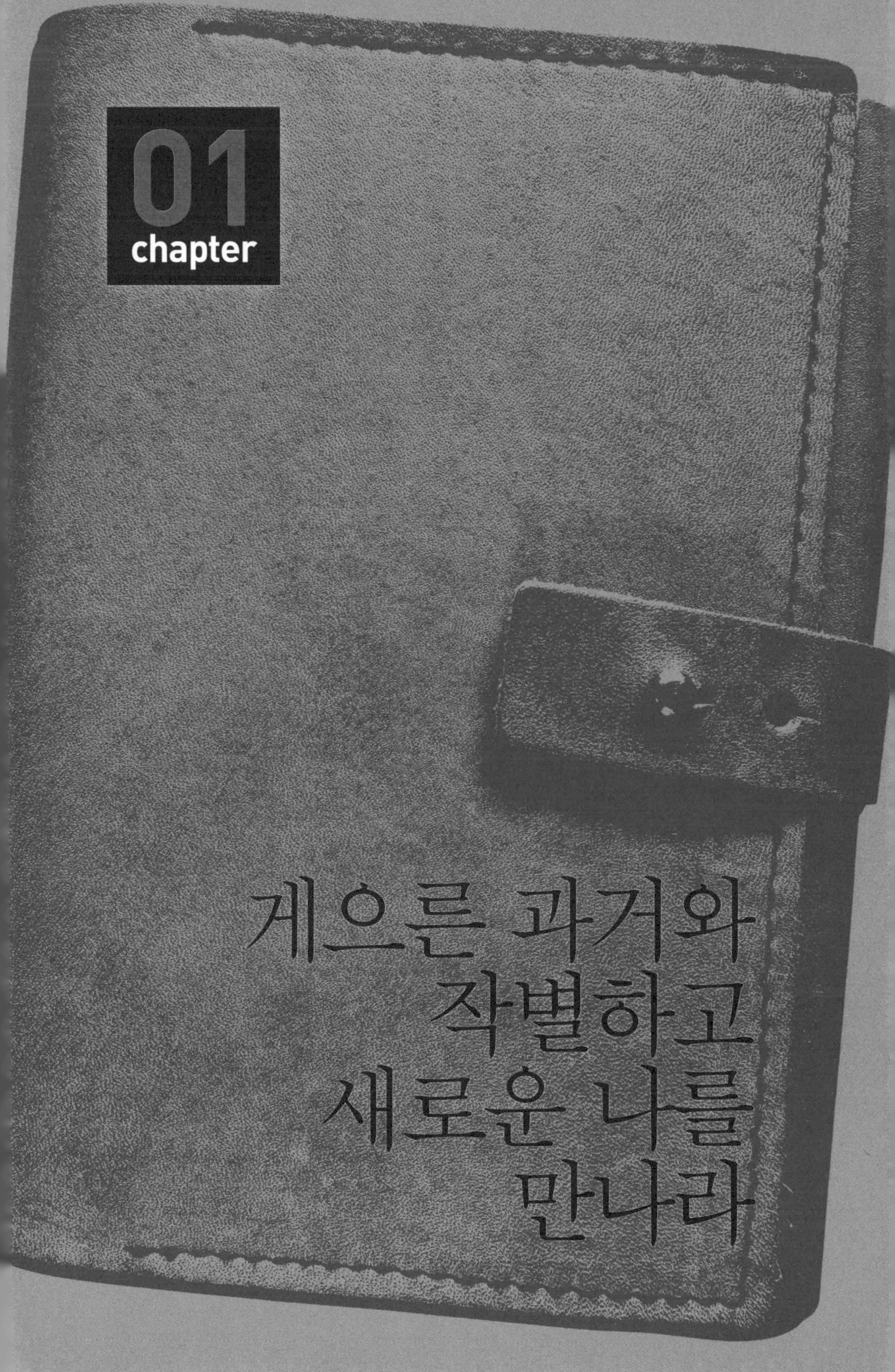

01 chapter

게으른 과거와 작별하고 새로운 나를 만나라

MON

TUE

WED

THU

START ▶▶

FRI

SAT

SUN

1

스포츠 트레이닝처럼 두뇌 단련하기

지적 능력은 단련하는 것이다. 사람의 지능이나 지적 능력은 타고난 것만으로 결정되는 것이 절대 아니다. 방법에 따라 후천적으로도 얼마든지 발달한다. 오히려 후천적으로 발달하는 비중이 더 클 정도다.

흔히 천재라고 불리는 사람들은 자신을 성장시키는 방법을 일찌감치 터득한 이들이다. 알베르트 아인슈타인도 처음부터 위대한 연구를 했던 것은 아니다. 매일 한계에 다다를 때까지 머리를 쓰고 공부를 계속하는 동안 두뇌가 개발된 것이다. 사람의 지적 능력은 이와 같은 후천적인 노력에 의해 만들어진다.

이것은 스포츠 능력과도 일맥상통하는 부분이 있다. 어떤 분야든 타고난 운동신경과 체력만으로는 성장하지 못한다. 약간의 소질을 바탕으로 피나는 노력과 단련을 반복해야 실력이 향상된다. 단련 방법도 중요하다. 일류 선수들 중에 '시간이 허락하는 대로 어쨌든 연습만 하는 것이 최선이다'라고 생각하는 사람은 아무도 없다. 그들은 과학적으로 연구된 가장 효율적인 훈련 프로그램에 따라 집중적으로 연습한다.

중요한 것은 자신이 무엇을 위해 무엇을 하고 있는지 정확히 아는 일이다. 훈련의 목적 즉, 그 훈련이 자신의 몸에 어떤 효과를 가져다주는지 이해하고, 훈련하는 동안 모든 신경을 한곳에 집중한다. 그렇게 하면 최대의 효과를 낳는다. 당연한 말이지만 어떻게 훈련하는가에 따라 실력이 몰라보게 향상되는 경우가 있는가 하면 그 반대인 경우도 있다. 그래서 일류 프로 운동선수는 막대한 비용을 들여 일류 코치를 고용한다.

나는 지금 대학에서 문학부 교수로 재직 중이지만 학창 시절에는 다양한 스포츠와 무술을 배웠다. 그 과정에서 올바른 훈련법을 알면 실력이 빨리 는다는 것을 알게 되었다. 단련을 잘할수록 운동 실력이 는다는 사실은 이미 오래전부터 확신한 상태다.

지적 능력이나 공부도 마찬가지다. 두뇌는 단련되기 마련이고 단련을 잘할수록 능력은 향상된다. 당연한 말이지만 단련하지 않으면 능력은 향상되지 않는다. 능력을 향상시키기 위해서는 고도의 훈련이 필요하다.

나는 그동안의 경험과 고찰을 바탕으로 스포츠 트레이닝 원리를 공부에도 적용해 봐야겠다고 생각했다. 지적 능력은 머리만이 아니라 육체도 함께 움직여야 합리적인 방법으로 향상되기 때문이다.

이제부터 그 '두뇌 단련법'을 소개하고자 한다. 학교에 다니거나 맹목적으로 지식을 주입하는 것만이 공부가 아님을 알게 될 것이다.

2

어떤 나무가 되어 어떤 열매를 맺을 것인가

지적 능력을 단련한다고 하면, 일반적으로 두뇌 중에서도 논리와 관련한 부분을 향상시키는 것이라고 생각하기 십상이다. 책을 읽거나 단어를 외운다거나 어쨌든 책상에 앉아서 지식을 습득하는 것이라고 착각한다. 그것만이 공부라고 생각한다.

하지만 지적 능력의 단련 주체는 살아 숨 쉬는 인간이다. 지知란 인간이 이를 소유하고 있을 때에만 비로소 효용이 있다. 지 자체만으로는 존재하지 못한다. 따라서 인간은 스스로 알고 싶은 꼭 그만큼만 지적 능력을 획득한다.

사과나무를 떠올려 보라. 사과는 그 자체만으로 열매를 맺지 못한다. 튼튼한 가지와 잎, 줄기, 뿌리 등의 몸통이 있어야 비로소 열매를 맺는다. 크고 달콤한 열매를 맺고 싶다면 나무 전반을 튼튼하게 가꿔야 한다. 이처럼 지적 능력을 크게 키우기 위해서는 그것의 몸통에 해당하는 자신의 정체성을 견고하게 가꿔야 한다.

여기서 정체성이란 '~의 자격 또는 입장으로 산다'는 의지로 가득 찬 마음을 뜻한다. 이런 마음을 가지면 공부의 목적이 분명해진다. 사람은 반드시 해내야 하는 과제임무를 자각할 때 비로소 진심으로 공부하고 싶은 의욕을 갖는다. 필요나 목적이 확실하다면 스스로도 놀랄 만큼 공부에 열중하게 될 것이다.

반대로 목적도 의미도 생각하지 않고 단지 '시험이 코앞에 닥쳤으니까' 혹은 '공부나 한번 해볼까?'라는 마음으로 시작한다면 제대로 된 성과를 기대하기가 어렵다. 그것은 공부를 위한 공부인 셈이다. 지루함과 고통의 극치이다.

나도 고등학생 때는 여느 학생들과 마찬가지로 때때로 공부를 위한 공부에 도리 없이 빠져들어야 했다. 당시 나는 '무엇을 위해 공부하는가? 공부해서 무엇을 하고 싶은가?'를 생각해 보았다. 나 자신의 정체성을 탐구한 것이다. 그 결과 정체성을 확고히 하는 일이야말로 공부에 대한 의욕을 불러일으키는 원동력이 된다는 사실을 깨달았다.

사람이 지적 능력을 얻게 될지 아닐지는 자신이 어떤 나무를 갖고 싶어 하는가에 달렸다. 열매와 나무 몸통의 관계로 공부에 대한 사고방식을 전환하고 보면 흙이나 줄기, 가지를 손질하는 등의 세심한 작업을 반복하는 일에도 저절로 열중하게 된다. 시험과 진학, 취직, 승진, 임금 인상 등 눈앞에서 벌어지는 일에만 정신이 팔려서는 안 된다. 눈을 크게 뜨고 공부의 목적과 의의를 다시금 확인하는 일에서부터 지적 능력의 단련은 시작된다.

3

분명한 목적을 가지면 의욕이 솟아난다

세상에는 다양한 사람들이 있다. 공부는 학교에서 하는 것만으로도 지긋지긋하다는 사람이 있는가 하면 꾸준하게 열심히 공부하는 것을 좋아하는 사람도 있다. 후자들은 모두 확실한 자신의 정체성이 확립돼 있다는 특징을 가졌다.

예컨대 에도시대1603~1867 말기와 메이지 유신(1868년경부터 시작된 일본의 근대 자본주의 체제로의 개혁—옮긴이) 시기에 등장하는 인물들을 생각해 보자. 요시다 쇼인(존왕파尊王派 사상가 · 교육자 · 메이지 유신의 정신적 지도자—옮긴이)과 가쓰 가이슈(일본 해군을 근대화한 고위급 관리—옮긴이), 사카모토 료마(무사. 서로 대립 관계에 있던 사쓰마 번薩摩藩과 초슈 번長州藩의 동맹 및 막부와 번의 통일을 성사시킴으로써 일본이 메이지 유신을 통해 중앙집권적인 근대국가로 나아가는 발판을 마련했다—옮긴이), 사이고 다카모리(일본 개화기의 정치가. 메이지 유신의 가장 중심적 인물로 도쿠가와 막부 시대를 종결시키고 천황 중심의 왕정복고를 성공시키는 데 절대적인 역할을 했다—옮긴이) 같은 유명 인사들 말이다.

일본의 권력을 누가 장악해야 옳은지, 외세의 압박에는 어떻게 대응해야 하는지 등 모든 것이 혼란스러웠던 개화기에 그들은 열심히 공부했고 정력적으로 활동했다.

다양한 사상들 가운데에서 가장 주류를 이루던 것은 '우리 번(藩, 영주가 지배하는 영지와 통치 기구의 총칭. 당시에는 나라國의 개념—옮긴이)을 위해서' 또는 '우리 주군을 위해서'라는 발상이었다. '초슈 번 사람이라면 초슈 번을 위해서, 사쓰마 번 사람이라면 사쓰마 번을 위해서'라는 생각이 원동력이었다.

이러한 시대 상황 속에서 학문을 추구하기 위해 초슈에서 에도로 나온 요시다 쇼인은 사쿠마 쇼잔(일찍이 일본의 서구화를 주창한 정치가·학자—옮긴이) 같은 이에게서 가르침을 받았다. 결국은 자신이 소속된 번을 몰래 탈출해 도호쿠 지방으로 갔고, 해외 밀항을 기도하다 투옥되기도 했다. 그는 자신이 속한 번이라는 틀을 넘어 보다 큰 전망, 이를테면 일본의 미래를 위해 공부했다.

메이지 유신의 인물들은 개개인이 서로 다른 사상을 가졌으나 이를 초월해 공통적으로 명확한 목적이 있었다. 그들은 자기 혼자만을 위해서가 아니라 집단을 위해서 무엇인가를 달성하고자 열망했다. 이처럼 분명한 목적을 가지면 의욕이 샘솟는다. 학습 의욕의 가장 밑바닥에 불이 붙는 것이다. 메이지 유신의 지사들은 모두 그런 정체성을 확립했고 이를 통해 활발한 활동을 할 수 있었던 것이다.

4

합격 후 공부에 흥미를 잃는 이유

자신의 확고한 정체성을 찾아내지 못한다면 그 노력과 인내도 언젠가는 끝이 나게 돼 있다. 그 전형적인 예가 바로 '시험을 위한 공부'이다. 오로지 눈앞의 시험만을 위해 공부하는 경우, 사람은 대개 자기 혼자만의 이해관계에 따라 움직인다.

그렇게 하면 시험이 끝나자마자 공부할 마음이 완전히 사라진다. 당연한 일이다. 자기 혼자서 '진학을 위해' 혹은 '취직을 위해' 공부하다가 그 목표가 사라져버리면 더 이상 공부를 계속할 이유가 없어진다. 사소하고 근시안적으로 이익을 쫓다보면 공부하고자 하는 마음이 금방 소진된다. 이는 쉽게 상상이 간다.

'필사적으로 공부해서 좋은 대학에 들어갔지만 그것으로 끝이었다'라는 말을 우리는 흔히 듣는다. 초등학교 때부터 학원을 다니며 밤낮없이 공부에만 매달린 아이가 중학교 입학시험에 합격하고 나서 공부에 완전히 흥미를 잃는 경우도 있다. 지쳐버린 것이다.

힘들게 일류 상급학교에 입학한 학생들 중 20% 정도가 그런 심각

오이타 현이든 미야기 현이든 같은 규슈 출신이라는 이유만으로 사이좋게 지내게 된 것이다.

그는 이렇게 처음으로 '규슈'라는 것에서 정체성을 발견한다. 그러자 '규슈를 위해 뭔가 하고 싶다'는 마음이 생겼고 동시에 그것이 자신을 위한 일이 되었다. 이것이 '남을 위하여'와 '자신을 위하여'가 겹쳐진 상태다. 이때 그는 단순히 자신이 규슈에서 태어났다는 사실 인식을 넘어, 자신이 규슈에 속한 일원이라는 것에 자부심을 느꼈다. 이처럼 귀속감에 자부심을 느끼는 것이 '정체성'이다.

세금 중 일부를 자신의 고향에 기부하고 그 금액만큼 세금공제를 받는 일본의 '고향 납세제도'는 그와 같은 의식이 기반이다. 공통된 정체성을 가진 사람들끼리는 서로 정신적인 의지까지 된다.

반대로 공부를 위한 공부를 하는 사람은 1번과 2번 중 어느 것에도 포함되지 않는다. '자신이 무엇이 되고 싶어 공부한다'는 자각도 없을 뿐더러 '타인과 세상을 위해 공부한다'는 의식도 없다. 어떠한 정체성도 없으니 곧 힘에 부쳐 중도에 그만두는 건 당연한 일이다.

6

자부심이 없으면 추진력은 생기지 않는다

정체성에 연연하는 이유는 무엇보다 그것이 일을 완수해 내는 힘과 직결되기 때문이다. 사람은 목적 없이 행동하지 않는다. 구덩이를 파라고 지시하면 '왜요?'라고 묻는 것이 당연한 이치다. 생각을 실행에 옮기는 것도, 실행을 지속시키고 발전시키는 것도 모두 목적이 확실해야 가능하다.

이러한 목적의 기초를 이루는 것이 바로 정체성이다. 이는 단순히 자기 혼자 존재하는 것만으로는 성립되지 않는다. 어느 집이든 고유의 가풍이 있게 마련이고 이는 곧 그 집 고유의 정체성으로 이어진다. 자신이 발 딛고 선 근간을 의식하고 그곳에 소속된 자신을 인식함으로써 성립된다.

그때 누군가가 소속을 물으면 '어디에 소속되어 있다'라는 사실을 단순히 대답하는 게 아니라 자부심을 가지고 표명해야 한다. 그것이 정체성이며 일을 성취하는 커다란 원동력이 된다.

"나는 ○○회사의 직원입니다"라고 어깨를 펴고 자랑스럽게 말하는 회사원이라면 그는 적극적이고 파워가 넘치는 사람이다. 그는 마음속으로 이렇게 생각할 것이다.

'다른 동료가 봐서 창피할 일을 해선 안 된다. 제대로 일하자.'

'회사 선배들도 이런 고생을 이겨냈으니 나도 열심히 하자.'

이와는 반대로 회사에 자부심이 없는 사람은 '이 직장에 다녀봐야 뻔하다. 그만둘까?'라는 소극적인 생각을 갖는다. 사원이라는 신분만으로는 정체성을 만들어내지 못한다는 뜻이다.

자신이 딛고 서야 할 근간이 없다면 무슨 일에든 원동력이 생기지 않는다. 최대한 자신의 정체성을 명확하게 만들고 확장시켜 나가는 것을 최우선으로 삼기를 바란다.

7

14일이 지나면 공부가 즐거워진다

공부란 반드시 무언가를 이루기 위해서 하는 것만은 아니다. 무언가를 이루지 않아도 공부는 그 자체로 즐겁다. 취미나 오락 삼아 하는 연구가 그 전형적인 예이다.

그러나 지금 내가 제안하는 것은 어느 정도 실리적인 성과를 낳기 위한 공부법이다. 그렇다고 해서 실리만 좇는다면 발등에 떨어진 시시한 공부에만 빠져버리기 쉽다. 공부의 요령how-to뿐 아니라 근본적인 '사물에 대한 사고방식'을 몸에 익힌다면 공부가 즐거워지고 매사에 의욕이 생길 것이다.

바로 이런 이유로 사람은 우선 자신이 발 딛고 선 기반을 확실히 의식해야 한다. 그다음에 같은 정체성을 가진 사람들과 공통된 의식을 지니고 지적 단련을 쌓으면 공부에 가속도가 붙을 것이다. 이것이 가능해지면 상상도 못할 일이 벌어진다. 2주 정도 지났을 때 '내가 그동안 공부를 잘했구나, 내가 변했구나'라고 생각 자체가 변한다.

8

멀리 보는 시야를 가져야 꾸준히 공부한다

정리하자면 공부를 지속하는 끈기, 그 근저를 발굴하기 위해서는 자신에게 아래의 질문을 던져 보고 답을 찾는 것이 중요하다.

★ 나는 누구인가?

★ 내가 발을 딛고 선 기반은 무엇인가?

★ 재미없는 공부를 계속 열심히 하게 만들 근원은 무엇인가?

즉, 공부하는 자신의 정체성을 확인해야 한다. 내 경우를 이야기하자면 그 대답은 '일본'이라는 개념에 있다. 내게는 공부의 기반이 되는 정체성으로 일본이 제격이었다. 일본이라고 하면 너무 막연하다는 느낌이 들지 모르겠지만 이보다 범위를 더 좁힐 경우 느낌이 좀 달라진다. 나는 시즈오카 현 출신으로 애향심이 강한 사람이지만 그것만으로 스스로를 옭아매자니 뭔가 약하다는 느낌이 들었다. 그렇다고 단번에 '아시아인'이나 '세계인'으로 확장시키자니 이번에는 일이 너무 확대된 듯했다.

그래서 조금 다르게 생각하기로 했다. 지금의 초등학교, 중학교, 고등학교 수업은 이대로 좋은가? 그들은 소중한 시간을 헛되이 쓰고 있지는 않는가? 나는 걱정스러웠고 이를 그대로 방치하면 안 되겠다는 생각이 들었다.

나는 열성적인 선생님에게 좋은 교육을 받았다. 그렇기에 더욱 그런 교육을 받지 못하는 아이들에게 뭔가를 해주고 싶다는 생각이 강했다. 이 같은 연유로 나는 교육을 직업으로 선택했다.

나에게는 일본인을 이롭게 만드는 일 즉, 일본 교육의 질을 높이는 일이 꼭 이루어야 할 과업이었다.

유감스럽게도 아직은 이 사명을 다하지 못했다. 쉽게 이룰 만한 사명이 아니기에 오히려 강한 자극을 받는다. 이런 마음이 꾸준히 공부하는 의욕으로 이어지고 있다.

Good study skills

이처럼 어색한 점을 찾아내서 우선은 어느 한 부분에 주목해 질문해 보라. 한 발짝만 들여놓으면 그 안에 또 다른 무언가가 있다는 사실을 알게 된다. 산길을 가다 커브를 돌면 다음 커브가 보이는 것처럼 새로운 질문이 생겨난다.

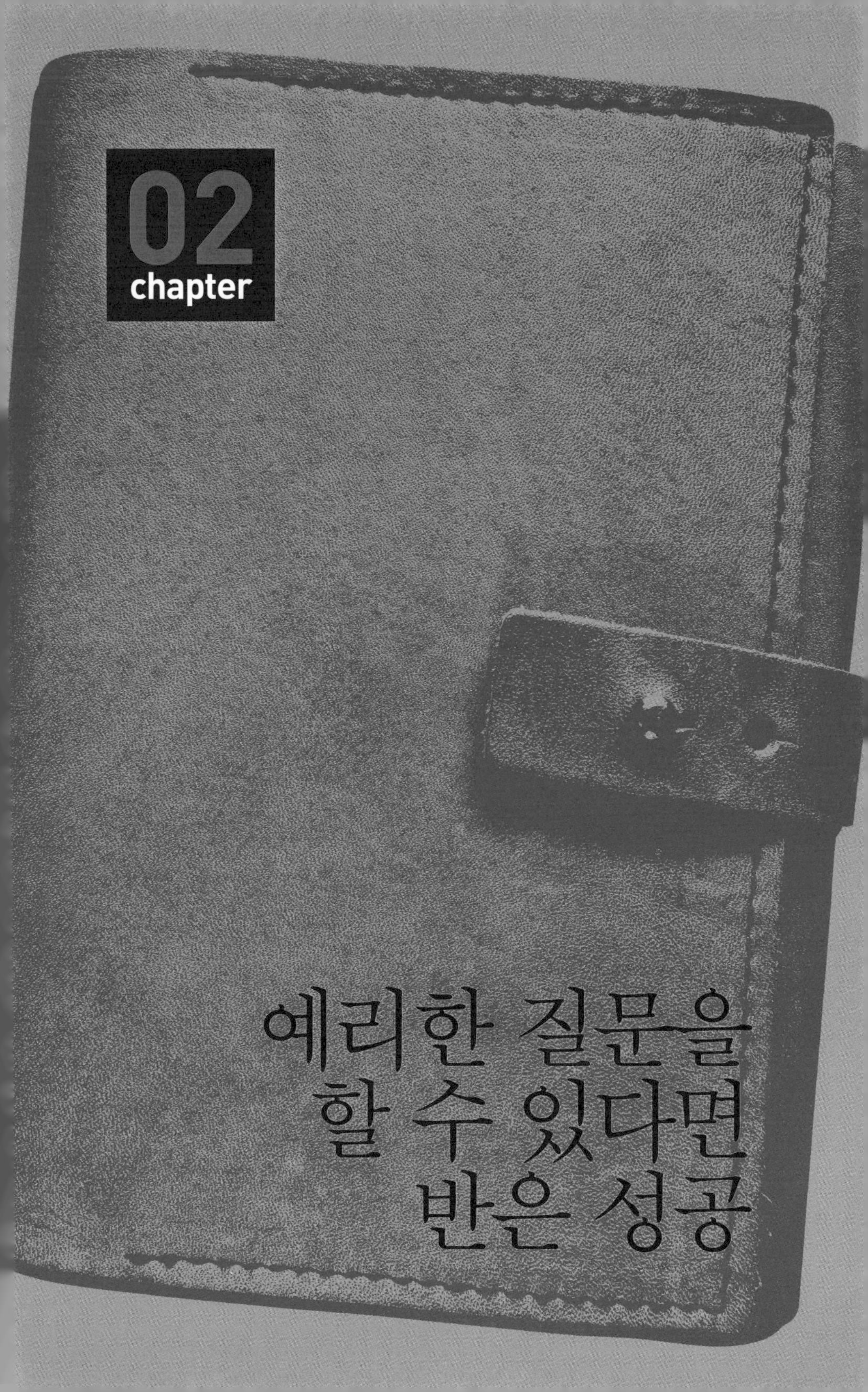

02
chapter

예리한 질문을 할 수 있다면 반은 성공

MON

TUE

WED

THU

START ▶▶

FRI

SAT

SUN

1

흉내를 내는 것이 배움의 출발점

사람들은 지성인을 좋아한다. 혹시라도 싫다고 느끼는 사람이 있다면 그것은 분명 단순히 불쾌감을 주는 박식한 사람이나 아는 척하기 좋아하는 수다쟁이에게 질린 탓이리라. 지는 인간의 근원적인 욕구라서 정도의 차이는 있겠지만 누구에게도 결코 하찮은 것으로 치부되어서는 안 된다.

그래서 사람들은 진정한 지성인을 만나면 자연스럽게 매력을 느끼고 함께 있고 싶어 한다. 그리고 할 수만 있다면 자신도 그 사람처럼 되고 싶다고 바란다. 이 같은 지성에 대한 동경은 '존경'이라고 달리 표현이 가능하다. 존경이란 자신보다 뛰어난 사람에 대한 '경의'이다. 경의는 동경과 일맥상통한다.

존경하는 마음의 여부는 학습에만 영향을 미치는 것이 아니다. 존경하는 마음을 가지고 있느냐 없느냐에 따라 그 사람에게서 솟아나는 힘과 추진력의 크기는 전혀 달라진다.

예컨대 당근을 싫어하는 아이가 있다고 하자. 아이는 부모에게 아무리 야단을 맞아도 절대 당근을 입에 대려 하지 않는다. 그럴 때 아이에게 "아이돌 ○○도 매일 당근 주스를 마신다더라"고 말해 보라. 아이는 갑자기 즐거워하며 당근을 먹기 시작할지도 모른다. 아이에게는 아이돌을 향한 동경하는 마음존경심이 바탕에 깔려 있기 때문이다.

사람은 어떤 사람을 존경하면 '나도 그렇게 되고 싶다'고 바란다. 이런저런 흉내도 내고 싶어 한다. 존경하고 따르는 사람이 좋아하는 것을 자신도 좋아하게 된다. 설령 그동안 싫어했던 당근조차도 좋아지기 마련이다. 일본어로 '공부하다'는 '마나부學ぶ'라고 하는데 그 어원은 '마네부まねぶ'이다. 마네부란 흉내를 낸다는 뜻이다. 흉내를 내는 일이 배움의 출발점이 된 것이다. 그러고 보면 '존경심'은 배움에서 중요한 출발점이다.

2

공부할 수 있는 시기는 한정돼 있다

배움에서 존경심 혹은 경애심이 가지는 의의는 자못 크다. 당신에게 만일 존경할 만한 상대가 있다면 이미 그 자체만으로도 행운을 가진 사람이다. 실제로 세상을 관찰해 보면 빼어난 인물들에게는 대부분 존경하는 대상이 있다. 스포츠나 학문, 그 어떤 장르를 불문하고 존경하는 사람의 영향을 받아 열심히 노력했다고 말하는 사람들이 많다.

"○○ 선생님 덕분입니다. 그분을 만난 것이 제게는 큰 행운이었습니다."

"존경하는 ○○ 씨를 목표로 삼고 그분을 앞지르기 위해 열심히 노력했습니다."

성공한 사람들은 흔히 이런 말을 한다. 그들은 존경하는 대상을 우연히 갖게 된 것이 아니다. 타인에게서 존경할 만한 부분을 발견하고 솔직히 인정할 수 있었기 때문에 그 '만남'이 가능해진 것이다. 존경하는 스승이 없는 사람은 그것을 발견하고 인정하는 능력이 부족한 사람일지도 모른다.

어쨌든 사람의 일생에는 교양과 '지(지식이 아니다)'에 대해 존경하는 마음을 갖는 시기가 반드시 있어야 한다. 그리고 이왕이면 조금이라도 시기가 빠른 것이 좋다. 원래대로라면 학창 시절이어야 한다. 이때는 모든 것을 배우기 위한 충분한 시간과 장소가 준비돼 있기 때문이다. 지知를 즐기고 이 능력을 신장시키기 위한 환경이 얼마든지 마련돼 있다.

그러나 유감스럽게도 현실은 어떤가? 특히 고등학교 입시와 대학 입시를 앞둔 시기는 너무 바쁘다. 대부분의 학생들은 입시 위주의 공부에 급급해서 지를 존경할 정도로 공부의 즐거움을 실감하기가 힘들다.

대학생이 되고 난 후에야 겨우 지에 눈을 뜨고 존경하게 되는 것이 현실이다. 대학에서는 한 과목에만 차분하게 몰두할 수 있다. 선생님을 따르고 좋아하다 보면 자연스럽게 그 선생님을 존경하고, 수강하는 과목의 학문에 빠져들게 된다.

오랫동안 대학에서 교편을 잡다보니 알게 된 사실인데, 대부분의 학생들은 학점을 잘 주는 과목을 우선적으로 선택한다. 수준 높은 교수나 재미있는 과목이 아니라 만만한 과목인지 아닌지의 여부가 선택의 기준이 되는 경우가 많다. 그러나 그렇게 해버리면 졸업 후에 후회하게 된다.

'좀 더 좋은 선생님 아래서 앞자리에 앉아 제대로 강의를 들을걸.'

'학교에 다닐 때는 왜 그렇게 아무렇게나 시간을 보냈을까?'

모두 이렇게 아쉬워하며 지난날을 반성한다. 그 시기가 대략 사회에 나가 배움의 가치를 절감하기 시작하는 30세 이후이다.

재미없는 시험 공부에서 해방되었다는 그 반작용이라고 이해되는 부분도 있기는 하다. 그렇기는 해도 아쉬운 일이다. '자, 마음껏 공부에 전념하세요'라고 차려주는 밥상을 받아먹을 시간이 인생에는 한정돼 있기 때문이다.

3

안일함에 젖은 자신을 느낄 때

학교와 달리 사회인들이 모여 공부하는 이른바 '평생교육원'이라는 곳이 있다. 모이는 학생들의 연령은 30대에서 80대까지 폭넓다. 직업도 다양하다. 회사원이 있는가 하면 주부나 무직자, 정년퇴직한 사람들까지 각양각색이다.

나도 그런 곳에서 가끔 가르칠 기회가 있는데, 수강생 모두가 교양과 지知에 대해 타는 듯한 목마름과 동경을 강하게 느끼는 사람이 대부분이다. 진심으로 지를 얻고 싶어 한다.

그 중에서도 고된 일을 하며 어떻게든 수업에 출석하는 간호사 같은 사람들은 특히 의지가 남다르다. 혼신의 힘을 다해 공부하겠다는 의욕이 온몸에서 발산된다. '배우고 싶다!'는 그들의 마음이 나에게까지 전해질 정도다. 그들은 맨 앞자리에 앉는다. 앞다투듯 뒷자리와 구석 자리를 차지하고 꾸어다 놓은 보릿자루마냥 앉아 있는 주간의 대학생들과는 정반대의 모습이다. 이렇듯 타성에 젖은 학생들보다 오히려 사회인들이 배우려는 자세가 진지하고 의욕에 차 있다. 그들에게서는 교양이나 지에 대한 존경심이 선명하게 드러난다. 이렇게 되면 '배우는 사람'이라는 뜻의 '학생'이라는 이름이 무색해질 정도다.

사회인들에게는 학점을 따야 한다거나 졸업을 해야 한다는 제약이 없다. 공부를 할 것인지 말 것인지는 철저하게 자신에게 달려 있다. 제약으로부터 자유로운 만큼 공부를 계속하기 위해서는 배우려는 의욕을 유지해야만 한다.

지에 대한 존경은 그 의욕을 유지하는 원동력이 된다.

밤에 열리는 평생교육원에 대학생들이 참가해 그룹 토론수업을 할 때의 일이다. 사회인들의 의욕적인 발언이 이어지고 토론이 깊이를 더해 가자 학생들은 사회인들에게 크게 자극을 받았다. 그제야 '우리는 일을 하는 것도 아니면서 배우려고도 하지 않았다!'는 사실을 깨닫게 되었다. '그렇다면 우리에게는 아무것도 없지 않은가?'라는 반성이 학생들 사이에서 일었고 커다란 변화를 낳았다. 토론 이후, 학생들은 수업 시간에 적극적인 학습 태도를 보였다.

의욕적으로 배우고자 하는 사회인들을 보고 간접적으로나마 '교양과 지의 가치'를 이해한 것이리라. 학생들은 자기들이 무심코 방치하고 있던 것의 가치를 깨달았다. 배움에 전념할 수 있는 환경에 있다는 사실이 얼마나 축복받은 일인지 비로소 알게 된 것이다. 그 순간 교양과 지에 대한 존경심이 생겨났다.

지에 대해 존경하는 마음이 생기면 공부에도 재미를 느낀다. 재미있다고 생각하면 공부는 즐거움이 된다.

4

철저하게 실존주의적으로 살아보기

평생교육원에 오는 사회인들처럼 본인이 선택하고 스스로의 책임하에 자신의 미래를 만들어가는 것이 이른바 실존주의적 태도이다.

실존주의는 칼 야스퍼스와 마틴 하이데거, 장 폴 사르트르 등 철학자들의 이름과 함께 제2차 세계대전 후에 일본에서도 활발히 논의되며 보급된 사상이다. 의미를 굳이 한 문장으로 정리하자면 '인간이라는 현실존재실존는 사물과 다르므로 스스로 미래를 선택해 긍정적으로 살자'는 이야기쯤 될 것이다.

실존주의 사상에 따르면 인간은 이 세상에 내던져진 존재다. 이는 자신이 어떻게 할 수 있는 영역이 아니다. 우리는 어디에서 태어나게 될지, 애당초 생명체로 태어날지 말지도 선택한 적이 없다. 이렇게 자신의 의지와 상관없이 내던져져 이 세상에 존재한다는 것은 불합리이자 부조리라 할 수 있다. 하지만 인간은 이를 토대로 스스로 미래의 행동을 선택한다. 또 그 선택에 의해 향후 자신의 모습을 바꿀 수 있다.

바로 이 '선택한다'는 행위에 사람의 미래가 걸려 있다. 이처럼 긴장해서 신중하게 선택하는 것을 '실존주의적 선택'이라고 한다. 다시 말해 실존주의적으로 사는 사람은 자신이 스스로의 행동을 선택하는 것이다. '나는 어떤 것을 공부할 것인가?' 혹은 '지적 능력을 단련해서 무엇을 할 것인가?'를 자신이 선택하는 삶의 방식이다.

반면 이런 선택을 전혀 하지 않고 하루하루 무의미하게 흘려보내는 비실존주의적 생활도 있다. 아무 생각 없이 살아가는 일에 젊은 에너지를 낭비한다면 놓치게 되는 일이 너무나 많다. 언젠가 '나는 지금까지 무엇을 하며 살아왔나?'라고 생각하는 순간이 오면, 아무런 보람도 느끼지 못하는 공허함에 휩싸이게 될 것이다. 인생의 무모함을 탄식하는 날이 쉽게 상상되리라.

그런 점에서 지를 추구하는 것은 상당히 실존주의적인 일이다. 얼마든지 에너지를 쏟아 부어도 되고, 쏟아 부은 만큼 보답이 온다. 공부하면 할수록 심오함이 계속된다.

예컨대 셰익스피어를 대충 읽어서는 그의 작품이 왜 그토록 극찬을 받는지 크게 와닿지 않는다. 하지만 어떤 작품이든 하나를 골라서 연구해 보면 이해가 된다. 엄청난 수에 달하는 연구 논문을 참고로 해 셰익스피어 작품의 비밀을 파고들수록 그 위대함에 압도당하게 된다.

스스로 자신을 개척해 끊임없이 감동을 맛보는 인생을 살아보고 싶지 않은가?

5

익숙한 것도 세세하게 보면 다르다

그림이나 조각 등 미술 작품을 매 회 한 점씩 선정해 30분간 소개하는 〈미美의 거장들〉이라는 TV 프로그램이 있다. 이 프로의 재미는 작품을 세세한 부분까지 확대해서 보여준다는 데 있다. 클로즈업하면 화집을 통해서는 보이지 않던 부분이 뚜렷하게 보인다. 복잡하게 색이 중복된 모습이나 화가의 세밀한 붓놀림까지 확연하게 알 수 있다. '아, 실제로는 이런 그림이었구나'라며 새로운 점을 발견하고 놀란다.

세세한 부분까지 하나하나 파헤쳐 밝혀주므로 이미 알던 작품도 전혀 다른 모습으로 다가온다. '지금까지 내가 본 건 아무것도 아니었구나!'라고 생각될 정도다. 뿐만 아니다. 검증 작업을 진행하면서 작품이 성립되는 과정과 배경까지 속속들이 들려준다.

'화가는 왜 그걸 소재로 삼아 그림을 그렸을까?'

'왜 저런 포즈로 그렸을까?'

'누구를 위해 무엇을 위해 이 작품을 만들었을까?'

끊임없이 질문을 던짐으로써 막연히 보기만 하면 다다르지 못하는 깊은 미궁 속으로 시청자들을 끌어들인다. 그러다 마침내 작가의 인간성과 그 그림을 낳은 시대적 배경이나 상황까지 수면 위로 떠오른다. 〈미의 거장들〉은 그러한 세세한 사항을 시청자에게 보여준 후 마지막으로 다시 한 번 작품을 비추며 끝맺는다.

일반적으로 미술 프로그램에서는 정보를 이것저것 소개하는 경우가 많다. 하지만 이 프로는 한 회에 딱 하나의 작품만 스포트라이트를 비춰준다. 이렇게 작품의 세세한 부분까지 철저하게 파고들어 큰 의미를 찾아내려 한다는 점이 흥미롭다.

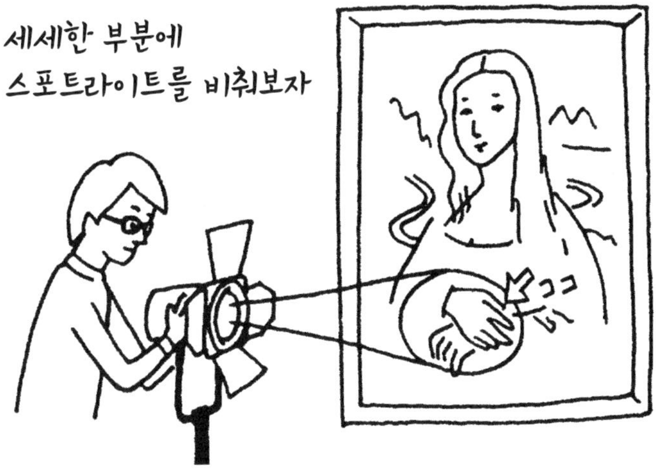

6

어색하게 느껴지는 부분을 질문하라

〈미의 거장들〉에서는 '질문'이 중요한 역할을 한다. 작가의 내면을 파헤치는 질문을 던짐으로써 보는 사람을 30분간 꼼짝 못하고 화면에서 눈을 뗄 수 없게 만든다. 그렇게 집중하는 시청자는 던져진 질문에 답을 찾으려고 애쓴다.

단순히 작품 소개만 한다면 굳이 질문은 필요하지 않을 것이다. 작품을 통해 얻는 것도 당연히 많지 않다. "우와, 아름답다", "박진감 넘치네" 정도로 끝나리라. 미술관에 가서도 아마 그런 식으로 감상하는 사람들이 대부분일 것이다.

하지만 한발 더 나아가 세세한 부분까지 파고들면 보이지 않던 것이 보인다. 안으로 한 발짝 들여놓으면 비로소 작가의 고뇌와 기쁨에도 눈길이 간다. '왜, 무엇을, 어떻게'라는 의문이 생긴다. 그리고 내면의 세계가 보이기 시작한다. 몰랐던 깊이나 심오함을 느끼게 된다. 앞을 모르는 동굴일수록 탐험하고 싶어지는 것처럼 인간은 자신이 알지 못하는 부분까지 가보고 싶어 하는 존재다.

바로 이 '신경쓰이는 부분에 주목해 질문하는 것'이 공부의 요령이다.

'이 부분이 좀 이상하네. 왜 그럴까?'

이처럼 어색한 점을 찾아내서 우선은 어느 한 부분에 주목해 질문해 보라. 한 발짝만 들여놓으면 그 안에 또 다른 무언가가 있다는 사실을 알게 된다. 산길을 가다 커브를 돌면 다음 커브가 보이는 것처럼 새로운 질문이 생겨난다.

그다음은 반복이다. 끊임없이 '왜일까? 왜 그럴까?'라고 질문을 던지고 세세한 부분까지 계속 파고들어 가라.

똑같이 먼 길을 가는 데에도 두 가지 방법이 있다. 단순히 지식만 채워넣는 공부는 남이 시켜서 낯설고 먼 길을 가는 것과 같다. 언제 도착할지도 모르고 즐겁지도 않다.

반대로 스스로 세세한 부분에 주목해서 질문을 찾아내고 답을 구하는 작업은 소풍을 가는 것과 비슷하다. 멀고 낯선 곳이라도 힘들지 않다. 그렇기에 오히려 더욱 걸어가는 길이 재미있다. 학문의 참다운 즐거움은 여기에 있다.

자신이 생각해 낸 질문이므로 흥미로운 건 당연하다. 세세한 부분에 착안해 질문하는 능력은 깊이 있는 공부로 이어진다.

7

의문을 가지면 공부가 재미있어진다

'문제를 제기하는 방법'은 교사 입장에서 생각해 보면 '의문을 갖게 하는 능력'이다. 잘 가르치는 선생님이란 의문을 갖게 하는 능력을 가진 사람이다. 그들은 문제 제기 방법이 탁월하다.

의문을 갖게 하는 것은 질문과는 확연히 다르다. 예를 들면 '가마쿠라 막부(일본 최초의 무사정권—편집자)는 언제 시작되었는가?'라는 질문에서 의문을 갖게 하는 질문이란 '메이지 유신은 왜 성공했는가?' '전후 민주주의란 무엇인가?'라고 묻는 것을 말한다.

의문을 갖게 하는 것이란 상대방을 사고하게 만드는 문제 제기를 말한다. '듣고보니 이상하다. 왜 그런지 모르겠다. 왜 그랬을까?'라고 생각하게 만드는 것이 뛰어난 능력이다.

어느 직원이 상사에게서 어느 학자에 대해 "어떤 사람인가?"라는 질문을 받았다. 학자와 상사는 조만간 만나기로 예정돼 있었다. 상사가 이미 알고 있으리라고 생각했지만 부하 직원은 "여차저차하고 이러이러한 저서가 있고……"라며 일단 자신이 아는 점을 말했다. 다음 날 상사는 어제와 같은 질문을 했다. "그는 어떤 사람인가?" 부하 직원은 상사가 '설마 치매에 걸린 건 아니겠지'라고 생각하며 전날과 같은 대답을 했다. 하지만 상사는 다음 날 또 다시 같은 질문을 했다. "그 학자는 어떤 사람인가?"

그때 머릿속에서 불현듯 무언가를 깨달은 부하 직원은 학자의 저서를 밤새 읽고 그 개요를 테이프에 녹음했다. 다음 날 상사에게 그것을 건넨 후 반응을 기다렸다. 다음 날 아침 '어떠셨습니까?'라고 묻기도 전에 상사는 만족스러운 얼굴로 칭찬을 했다.

요컨대 상사는 부하 직원에게 바라는 일을 명령한 것이 아니라 해야 할 일을 스스로 생각하기를 바라며 문제를 제기한 것이다. 부하는 그것을 제대로 파악해 스스로 질문하고 답을 이끌어냈다.

같은 일이라도 "조사 좀 해줘"라고 말하면 단순한 업무 지시로 들려서 재미가 없다. 또는 "자네가 지금 해야 할 일이 무엇인가?"라고 말한다면 직접 질문을 제공하는 꼴이 된다. 스스로 질문을 생각해 낸 점이 대단한 것이다.

좋은 교사에게는 이처럼 의문을 제기하는 능력이 필요하다. 단순히 지식만 전달해서는 지루한 수업으로 전락하고 만다.

거꾸로 말해서 공부를 재미있게 하고 싶다면 여러 가지 세세한 부분을 탐색하고 스스로 질문을 만들어야 한다.

8

한 번 더 의심하면 남다른 결과가 생긴다

위대한 사상가들은 자고로 의문을 제기하는 능력이 뛰어났다.

'인간의 모든 행동은 성적인 욕구와 관련돼 있는 건 아닐까? 그것을 억압하기 때문에 히스테리가 생기는 게 아닐까?'

인간을 세밀히 관찰한 끝에 이런 의문을 제기했던 사람이 바로 정신분석학자 지그문트 프로이트다.

일종의 성적 불완전감이나 욕구불만이 다양한 형태로 꿈에 나타나거나 행동으로 표출된다는 생각은 지금까지도 폭넓은 지지를 받으며 정설이 되었다. 그가 생각해 낸 의문이 옳았던 것이다.

하지만 당시에는 '인간이 그렇게 추잡할 리 없다', '프로이트는 무엇이든 섹스와 결부시키는 외설스러운 자다'라는 맹렬한 반론이 있었다. 그때의 사람들은 이상한 발상이라고 여겼다.

일찍이 아무도 착안하지 않았던 부분에 의문을 가졌기에 프로이트는 지금까지 이름이 남는 사상가가 되었다. 바로 그 점이 위대하다. 의문을 제기하는 위대한 능력을 생각하면 그저 존경스러울 따름이다. 문제 제기에만 그치지 않고 답을 찾느라 애쓴 그의 어마어마한 작업을 상상하면 더욱 더 마음이 숙연해진다. 과연 한 개인이 그렇게 많은 업적을 남기는 일이 가능한 것인지 놀랍다.

일본 민속학의 창시자이자 사상가인 야나기타 구니오도 대단한 인물로 평가된다. 그는 '서민'이라는 개념을 새롭게 제안해 '보통 사람들의 평범한 일상 속에 훌륭한 것이 들어 있다'고 생각했다.

원래 야나기타 구니오는 대학에서 농업행정을 배우고 농상무성 공무원으로 근무하던 엘리트였다. 그러다 업무상 전국을 돌아다니던 중 지방의 민속, 이를테면 민중의 생활 방식에 관심을 가지게 되었다. '그 지방에만 존재하는 독자적인 민속은 그대로 두면 사라져버린다. 그러니 반드시 수집해야 한다'고 판단한 그는 전국적으로 함께 일할 사람들을 늘려가며 지역별 풍속과 전승을 기록하고 자료를 수집했다.

책도 많이 썼다. 단순히 민속자료만 수집한 것이 아니라 문제의식을 지니고 일본인의 미래를 내다보며 전승 활동을 하겠다고 결심했다. 내 방에도 야나기타 구니오의 책들이 나란히 꽂혀 있는데, 특히 그의 저작을 모아 만든 『야나기타 구니오 전집』은 30여 권에 달해 그의 열정을 가늠하게 한다. 한 사람이 이렇게나 많은 글을 쓰다니 그 사실 하나만으로도 놀랍다. 책 내용을 말하기 전에 먼저 감탄을 하게 된다. 물론 이 책은 다 읽는 일도 간단하지 않다.

그런 야나기타 구니오가 일관되게 질문한 것이 '일본인이란 무엇인가?'였다. '민속'이라는 개념조차 없었던 시기에 무에서 유를 창조하듯 질문을 발견하고 발전시켰다. 나는 그 추진력에 압도당했고 큰 자극을 받았다. 역시 야나기타 구니오는 위대하다. 프로이트 또한 위대하다. 그 위대함의 근본에는 의문을 제기하는 능력이 있었다. 배움에는 이처럼 질문이 중요한 것이다.

Good study skills

간단히 말해서 과자 하나를 놓고 다투는 아이들에게 과자를 반으로 쪼개 나눠주는 것과 같다. 자기만 갖겠다는 '낮은 차원'에 사로잡혔던 아이들도 절반씩 나누는 공정한 원리에는 납득을 한다. 자기주장과 힘이 충돌하는 차원에 머무는 것이 아니라 '규칙'이라는 보다 높은 차원으로 들어가는 것이다.

03 chapter

전체적인 흐름을 파악하는 능력 키우기

MON

TUE

WED

THU

START ▶▶

FRI

SAT

SUN

1

성실한 당신이 놓치고 있는 한 가지

지금까지 세심한 부분까지 파고드는 일의 의의를 설명했다. 하지만 단순히 세심하게 보기만 하면 된다는 뜻은 아니다. 오히려 이와 반대로 사물을 새처럼 조감하는 능력, 작은 일에 얽매이지 않고 대세를 파악하는 능력이 최우선이라고 생각한다. 우선은 큰 흐름을 파악하고 난 후 세부로 깊이 파고들어 가야 한다.

세세한 부분이라 해도 뭐든 다 좋은 것은 아니다. 분기점이라고 할 만한 포인트, 그 한 점을 발견하는 일이 중요하다.

막부를 예로 들어보자. 사카모토 료마라는 인물은 매사에 열심인 사람이었지만 공부는 열심히 하지 않았다. 말하자면 열등생에 가까웠다. 배울 의욕은 있었지만 사쿠마 쇼잔 같은 학자와 비교하면 지식 면에서는 훨씬 뒤떨어졌다.

하지만 그에게는 시대의 큰 흐름을 파악할 줄 아는 능력이 있었다. 당시 많은 사람들이 '이대로 가다가는 일본은 글렀다. 외세의 공격을 받아 중국처럼 반식민지화 될지도 모른다'는 위협을 느꼈다. '그렇다면 어떻게 하면 좋을까?'를 생각하던 당시에 시대의 흐름을 잘못 읽은 사람들은 외국인에게 칼을 겨누었다. 이는 바로 '외국은 적이다. 쫓아내자'라고 주장했던 이른바 양이사상攘夷思想이다.

사카모토 료마도 처음에는 그렇게 생각하고 존왕양이(尊王攘夷, 왕권 복구와 서양 척결을 주장하는 사상—편집자)를 추구하는 하급 무사들을 규합해 토사 번에 도사근왕당土佐勤王黨이라는 집단을 만들었다. 개국파인 가쓰 가이슈를 처음 만났을 때 료마는 "막부의 녹을 먹는 사람이면서 개국을 외치다니 어찌된 일인가? 외적은 베어버려야 한다"고 강하게 맞섰다.

가쓰 가이슈는 매사를 멀리 내다보는 능력이 뛰어난 인물이었다. 그는 료마에게 이렇게 말했다.

"지금 일본인이 외국인을 벤다고 해서 바뀌는 건 아무것도 없다. 외국에 대항하기 위해서는 먼저 군대, 특히 해군을 양성해야 한다. 해군을 만들려면 돈이 필요하다. 돈은 개국을 통해 무역으로 벌면 된다. 그러니 어서 해군을 만들자."

이 일로 인해 사카모토 료마의 인생이 결정되었다. 료마 또한 대세를 파악하는 능력이 뛰어난 사람이었다. 대세를 확실히 이해한 료마는 가쓰에게 제자가 되고 싶다고 청해 뜻을 이루는 데 필요한 다양한 공부를 시작했다.

이와 같이 큰 흐름을 파악했다면 그다음에는 무엇을 어떻게 공부하면 좋을지 정해야 한다. 한 가지 뚜렷한 목표가 있으면 능력을 쉽게 집중할 수 있다. 료마가 일본 최초의 상사商社인 가메야마샤추龜山社中와 가이엔다이海援隊를 만들어 경제와 정치 두 분야에서 활약했다는 사실은 잘 알려져 있다.

책상 앞에 앉아 있는 시간은 많은데도 머릿속에 들어오는 것은 없다. 일이 제대로 진척되지 않는다. 이것저것 공부해서 자격증은 여러 개 가졌는데 생활은 별로 향상되지 않는다면 당신은 어딘가 전체적인 흐름을 잘못 파악하고 있다는 것이다.

공부를 시작하기 전에 멀리 내다보고 본질의 큰 흐름을 파악하는 연습을 하는 일이 우선이다.

2

깊이 있는 교제 능력은 배우는 데 힘이 된다

멀리 내다보는 눈과 큰 흐름을 파악하는 능력을 익히기 위해서는 어떻게 해야 할까? 우선 자신보다 안목이 높은 사람과 대화를 나누는 것이 효과적이다.

사카모토 료마는 가쓰 가이슈의 집으로 쳐들어가 "당신의 행동은 적절치 못하다"며 직접 담판을 지었다. 이때 두 사람은 일면식도 없던 사이였다. 료마는 아는 사이도 아닌 가쓰 가이슈의 집에 찾아가 거침없이 하고 싶은 말을 던지며 상대를 비판했지만 결국 오히려 자신이 설득당하고 말았다. 가쓰도 방문을 서슴없이 받아주었으며 료마의 그런 행동에 전혀 개의치 않았다. 부러울 만큼 깊이 있는 교제 방법이다.

요즘은 서로 다른 입장을 가진 사람들이 속내를 터놓고 대화하는 모습을 좀처럼 보기가 힘들다. 친구들끼리도 하나같이 의미 없는 '혼잣말' 같은 휴대폰 문자 메시지를 주고받으며 그것으로 커뮤니케이션을 대신한다. 사귐의 방식이 몹시 얄팍해져 간다.

하지만 료마가 살던 시대에는 사람들 사이에 깊이 있는 교제가 일반적이었다. 가쓰 가이슈는 다짜고짜 쳐들어온 젊은이를 선생님이 학생을 대하듯 순순히 맞아주었고 진지한 대화를 나누었다. 료마도 단순히 자신의 논리를 일방적으로 밀어붙이려 하지 않았다. 가쓰의 논리를 경청하고 자신의 논리와 대조해 보았다. 이렇듯 폭넓은 커뮤니케이션이 가능했기에 료마는 결국 가쓰에게 순순히 머리를 숙인 것이다. 료마는 훗날 누나인 오토메에게 보낸 편지에서 "일본에서 제일가는 선생님의 제자가 되었다"라며 자랑스러워 했다.

자신의 의사를 제대로 이야기하고 상대의 이야기를 제대로 들을 줄 아는 능력. 이것이야말로 '깊은 교제 능력'이다.

깊이 있는 교제 능력이 있으면 누구와도 커뮤니케이션을 잘할 수 있다. 자신의 말을 잘 경청하는 사람에게는 누구나 좋은 이야기를 해주고 싶기 마련이다. 훌륭한 사람은 멀리 내다볼 줄 아는 눈을 가졌다. 깊이 있는 교제를 통해 자신도 그와 같은 거시적 안목을 키울 수 있는 것이다.

사귀는 상대는 누구라도 상관없다. 나보다 좀 더 앞선 사람이라면 자주 인사해서 안면을 익히고 좋은 이야기를 들어라. 유익한 충고나 힌트를 얻었다면 일단 믿고 당분간 실천해 보라. 이것이 자신이 크게 성장하는 요령이다. '지금 뭐해?' 같은 가볍기 짝이 없는 문자 메시지로는 깊이 있게 사귀지 못한다. 내가 먼저 자주 전화하고 만나는 것부터가 시작이다.

막부시대 말기, 사쿠마 쇼잔 밑에는 가쓰 가이슈, 사카모토 료마, 요시다 쇼인 등 서로 다른 뜻을 품은 인물들이 오월동주(嗚越同舟, 서로 미워하면서도 공통의 어려움이나 이해에 대해서는 협력하는 경우—편집자) 격으로 배움을 위해 모여들었다. 하지만 그들이 그저 매일 책상을 나란히 하고 수업만 받았던 것은 아니다. 한 사람 한 사람이 쇼잔과 철저히 대화를 나누었다. 밤을 샐 때도 있고 며칠씩 쇼잔의 집에 묵을 때도 있었다. 그리고는 '지금은 이러이러한 상황이다. 이러이러하니 어찌어찌 될 것이다'라는 가르침을 받았다.

서로 주의와 주장을 달리하는 학생들이었지만 그렇게 해서 같은 문하생이 된 것이다. 사귀는 시간의 길고 짧음은 중요하지 않다. 설령 한순간의 교제라 하더라도 서로에게 깊이 영향을 미치는 친분이 중요하다.

3

자유롭고 독립적인 인간이 되는 길, 배움

인생에는 때때로 '이 사람을 따르고 싶다, 이 사람에게 배우고 싶다' 라고 생각되는 만남이 있다. 아직 그런 순간이 없었던 사람이라면 반드시 이런 경험을 해보기를 바란다. 하지만 대상에게 너무 심취한 나머지 한 사람의 말밖에 들리지 않는다거나, 그의 말이라면 어떤 명령이든 무조건 따르게 되는 경우도 있다. 신도들을 세뇌시켜 수차례 흉악 범죄를 저지른 일으킨 옴 진리교オウム真理教가 그 극단적인 예다.

사람과 깊이 사귈 때 중요한 것은 거리감이다. 이때 깊이 사귀되 상대로부터 독립해서 배운 것을 혼자 실천해 보는 자세가 필요하다. 상대를 한 걸음 떨어진 곳에서 바라볼 정도의 거리를 두고 항상 자신은 자유로운 상태를 유지하는 것이 중요하다. 자유롭지 않다는 것은 사고가 막혀 있음을 의미한다. 상대방과 거리를 두지 않으면 새로운 지식과 아이디어가 들어오고 싶어도 아예 처음부터 차단돼 버린다. 딱딱하게 굳은 머리로는 공부가 되지 않는 법이다.

제자로 들어갈 만큼 정열을 가졌다는 건 좋은 일이다. 하지만 스스로 철창 속으로 들어가듯 머리를 속박한다면 오히려 공부에 방해가 된다.

거리를 두기 위해서는 머릿속으로만 '누구누구는 선생님이다. 나는 그 제자다'라고 생각하면 된다. 그렇게 하면 속박을 당하지 않고도 목적을 이룰 수 있다. 사숙(私淑, 직접 가르침을 받지는 않았으나 마음속으로 그 사람을 본받아서 도나 학문을 닦음—옮긴이)이라는 말처럼 멀지도 가깝지도 않은 관계가 적당하다.

배움에 자유가 필요하다는 것은 후쿠자와 유키치(일본개화기의 계몽사상가·교육가·저술가—옮긴이)도 말한 바 있다. 그가 『학문의 권장』이라는 책에서 말한 핵심은 '자유 독립의 기풍을 일본에 널리 퍼트리고 싶다'는 것이다.

원래 메이지 시대 이전 일본인에게는 오늘날의 '자유'라는 개념이 없었다. 대부분의 경우 '○○ 하기 위해 ○○ 한다'라고 정해져 있었으므로 그런 단어가 그다지 필요하지 않았다.

후쿠자와는 『학문의 권장』에서 이렇게 호소했다.

> 인간은 자유롭고 또한 독립적이다. 남에게 피해를 입히지 않는 범위 내에서 자신이 하고 싶은 일을 스스로 정하고 행동할 수 있다. 그러나 이 자유 독립의 기풍이 아직 일본에는 자리 잡지 못했다. 그러니 우리는 그것을 만들어나가야 한다.

후쿠자와 유키치가 추구한 것은 "학문을 계속함으로써 배우는 사람이 많아지는 사회, 학문을 계속함으로써 존중받는 사회"였다. 그는 이어서 "앞으로는 그런 사회가 된다. 그러한 사회를 만들어가자"고 말했다.

반면에 다음과 같은 중요한 경고도 잊지 않았다.

> 이런 사회에서 독립적이지 못한 사람은 반드시 다른 사람에게 의지하려 든다. 남에게 의지하는 사람은 사람을 두려워한다. 사람을 두려워하는 사람은 남에게 아첨한다. 시키는 대로 하는 사람이 되고 만다.

아첨하는 사람이 되면 결코 배우지 못한다. 결론은 배움을 공부라는 좁은 범위에서 생각하지 말자는 뜻이다. 그가 말하는 배움이란 '자유롭고 독립적인 인간이 되는 것'이다.

4

생산적인 대화가 공부할 의욕을 만든다

후쿠자와 유키치는 "사람과 폭넓게 교제하라. 그러는 편이 좋다"고 권했다. 열 명을 사귀어 한 명의 훌륭한 친구가 생겼다고 하자. 그렇다면 스무 명을 사귀어라. 또 한 명의 훌륭한 친구가 생길지도 모른다.

인터넷이 급속도로 발달한 시대다. 인터넷은 좋은 사귐과 그렇지 못한 사귐이 섞여서 인간의 추악함과 악의를 확대시키기 쉬운 공간이지만 이를 운영하는 것 역시 인간이다. 아무리 좁은 범위라 해도 흥미가 같은 사람은 의외로 많다. 잘 찾아보면 좋은 친구와 만날 가능성이 높아질 것이다.

사람과 사귀는 일이 아니더라도 직접 얼굴을 마주하고 이야기를 나눈다는 것은 커다란 장점이 있다.

나 또한 이를 자주 실감한다. 지금껏 여러 권의 책을 출간했는데 책 속에서 아주 세세한 부분에 이르기까지 지론을 펼치는 경우가 많았다. 독자들도 상당한 부분까지 이해해 주는데 내가 하고 싶었던 이야기가 독자들과 통했고, 내 사고방식이나 생각이 독자에게 정확하게 전달되었기 때문일 것이다.

그렇지만 이런 저술 활동은 실제 말과는 크게 다르다. 강연회나 수업에서 직접 마주하고 이야기 해보면 책과는 다른 교류를 느끼게 된다.

직접 하는 말은 날것이다. 때문에 신체나 목소리 등 전체적으로 그 사람이 지닌 다양한 부분들이 드러날 수밖에 없다. 나 또한 실제로 만나보면 책 속의 이미지와는 상당히 다른 인상을 주는 모양이다. 그것이 좋은 인상인 경우가 있는가 하면 나쁜 인상일 때도 있을 것이다. 어느 쪽인지는 일단 제쳐두고 직접 하는 말의 힘은 아주 강력하다. '후려갈기다'라는 말은 문장으로 읽으면 아무렇지도 않지만 얼굴을 마주하고 듣게 되면 자기도 모르게 뒷걸음질 치게 된다.

직접 만나서 나누는 대화는 이런 말의 '육체성'을 겸비하기 때문에 중요한 것이다.

그러나 아무리 직접 하는 말의 감각이 소중하다고 해도 이미 이 세상에 없는 사람과는 직접 만날 수 없다. 하지만 책 속에서라면 이를 체감할 수 있다.

괴테에 관한 책 중에서 내가 가장 좋아하는 작품은 『괴테와의 대화』이다. 괴테를 숭배해 만년의 괴테를 위해 비서로 일했던 요한 페터 에커만이라는 제자가 쓴 책이다. 괴테의 훌륭한 작품들을 다 제쳐두고 『괴테와의 대화』를 최고로 꼽는 이유는 괴테가 지금 바로 앞에서 종교, 미술, 정치, 시사 등을 말하는 것처럼 생생하게 기록했기 때문이다. 과장을 좀 보태자면 나도 그의 제자 중 한 사람으로서 이야기를 듣고 있는 듯한 기분이 든다.

현장감으로 가득 찬 책이다. 사실 인간의 가장 재미있는 부분은 이런 생생함에서 드러난다.

물론 작가가 아름답게 완성한 작품은 그 자체만으로도 예술적인 가치가 있다. 그렇지만 괴테라는 인간 전체를 통틀어 이해하거나 인간 괴테에게서 영향을 받기는 어렵다. 역시 가공되지 않은 데서 비로소 인간으로서의 재미와 훌륭함이 드러나는 법이다.

셰익스피어의 작품이 아무리 훌륭하다고 해도 셰익스피어라는 인간에게서 영향을 받기란 쉽지 않다. 셰익스피어에게는 에커만 같은 제자도 없었을 뿐더러 그의 가공되지 않은 인간상도 전해지지 않는다.

에커만이 남긴 기록은 우리가 괴테라는 위인을 이해하는 데 엄청나게 큰 도움을 준다. 중요한 공적이다. 우리는 그에게 감사해야 한다.

예수 그리스도의 경우도 마찬가지다. 제자들이 『성경』이라는 형태로 예수의 말과 행동을 전하지 않았더라면 지금껏 아무것도 남지 않았을 것이다. 공자 역시 제자들이 『논어』라는 형태로 열심히 정리했기에 그의 여러 훌륭한 말과 행동이 전해졌다. 소크라테스의 말은 제자 플라톤이 기록했다. 그가 없었더라면 소크라테스라는 인간이 얼마나 대단했는지 후대에 전해지지 않았을 것이다.

생각해 보면 인류 역사상 중요하다고 손꼽히는 책들은 이렇게 생생한 모습을 전하는 것들이다. 복음서는 결코 기도서나 경전이 아니다. 복음사가(복음을 기록한 제자, 에반겔리스트라고 불린다)의 말처럼 "현장

리포트"이다.

원문은 아니지만 예를 들면 이런 식으로 기록했다.

어느 날, 한 여인에게 사람들이 돌을 던지는 모습을 본 예수께서는 돌을 가진 사람들에게 물으셨다.

"너희는 어째서 돌을 던지느냐?"

한 무리의 사람들이 대답했다.

"이 여자는 죄를 지었습니다. 이런 여자는 돌로 쳐 죽여야 마땅합니다. 스승님 생각은 어떠하십니까?"

예수께서 답하셨다.

"너희들 가운데 죄 없는 자만 저 여인에게 돌을 던져라."

어떤가? 추상적인 말도 쓸데없는 묘사도 전혀 없다. 모두 생생한 말로 기록했다. 실제적이고 구체적인 말이야말로 사람의 마음에 전달되고 깊이 파고든다. 이런 실제적인 감각이 중요하다.

앞에서 막부 시대 말기를 이야기할 때, 깊이 있는 교제의 커뮤니케이션에 대해 언급하면서 대화의 역할이 중요하다는 것을 강조했다. 훌륭한 사람과 깊이 교제할 기회를 가지게 되면 공부할 의욕이 생기고 동시에 커뮤니케이션 능력이 향상된다. 생산적인 대화를 하게 되니 당연한 일이다.

5

지적인 사람과의 교류 방법

일상 속에서 사람들이 나누는 대화는 다 같은 듯하지만 사실은 그렇지 않다. 대화에는 두 가지 유형이 있다. '창조적인 대화'와 '그렇지 못한 대화'이다.

그렇다고 해서 창조적이지 않은 대화가 쓸모없는 것만은 아니다. 예컨대 가족 간의 커뮤니케이션은 별로 창조적이지 않아도 된다. 가족들끼리 창조적인 대화를 하는 장면을 한번 상상해 보라. 마치 학회 토론처럼 어머니가 무엇인가에 대해 지론을 전개하고, 아버지가 "그 점은 긍정하지만 후반의 논리는……"이라는 식의 이야기를 반복하는 가족의 모습 말이다. 그런 집에서는 편히 쉬지 못한다.

"그 이야기는 벌써 두 번이나 했어", "아, 그랬나?", "벌써 치매인 거 아냐?", "아하하" 등의 별 뜻 없는 대화도 가정에서는 큰 가치가 있다.

그렇다면 창조적인 대화란 어떤 것일까? 창조적이란 '새로운 의미를 만들어내다'라는 뜻이다. 기획 회의를 하는 자리에서는 이와 같은 커뮤니케이션이 필요하다. 누군가 무엇을 말하면 "그것이라면 이것이 있다", "그러면 이것도 있다"라고 계속해서 새로운 의미를 만들어내야 한다. 이른바 상호 촉발하는 커뮤니케이션의 한 형태이다. 이것이 창조적인 대화이다.

이러한 대화는 기술을 요한다. 연습해서 기술로 익히지 않으면 잘 되지 않는다. 그런데 흔히 그 테마에 대해 잘 아는 사람들끼리 대화를 하면서도 대화가 왠지 모르게 밀접한 관련성을 갖지 못하는 경우가 있다. 서로 자기 이야기만 하다가 끝나버리는 것이다. 아래와 같은 대화를 들었거나 혹은 직접 한 적은 없는가?

A : 새로 나온 ○○라는 게임을 샀는데 재밌더라.

B : 나는 어제 △△를 제패했어. 그런데 시간이 많이 걸리더라.

A : ○○는 해보면 알겠지만 꽤 어려워.

B : △△는 이제 싫어졌어. 다음엔 뭘 할까?

게임 이야기를 하면서도 전혀 대화가 이루어지지 않고 있다. 두 사람 다 상대에게 질문을 하지 않기 때문이다. 질문을 해야 대화가 밀접한 관련성을 갖는다. 상대방에게 묻지 않으면 대화는 진전되지 않는다. 그 어떤 새로운 것도 만들지 못하고 끝나버린다. 요컨대 '창조적인 대화'에는 질문력이 반드시 필요하다.

또 무엇보다 상대의 말을 이해하는 것이 전제되어야 한다. 한마디

한마디 상대방이 하는 말을 경청하는 것에서부터 비로소 대화가 시작된다.

의견을 말할 때의 중요한 요령은 다음과 같다. 반드시 기억해 두기 바란다.

★ 상대가 사용한 단어를 사용할 것

하고자 하는 말을 평소 자신이 쓰던 단어나 용어가 아닌 상대가 사용한 어휘로 표현해야 한다. 예컨대 내가 '의욕'에 대해 말할 때 상대가 '모티베이션'이라는 어휘로 말했다면 나도 모티베이션이라고 바꿔 말하는 것이다. '동기부여'라고 말하면 따라서 동기부여라는 단어를 쓴다. 이처럼 같은 어휘를 쓴다는 것은 상대의 이야기를 확실하게 듣고 이해하고 있다는 의미와 같다. 상대방이 쓰는 어휘를 사용하면 두 사람의 사고가 같은 레일 위에 놓이게 된다.

말하자면 서로 다른 기차가 합류하는 개념이다. 레일이 다르면 자신의 기차사고는 상대와 교류하기 어렵다. 같은 레일이라면 서로의 기차를 하나의 선로에 올리는 것이 가능해진다. 같은 레일에 올림으로써 쉽게 이해하게 된다. 이해가 바탕이 되면 비로소 창조적인 대화가 시작된다.

6

한 차원 높은 답을 구하라

변증법적인 대화는 서로를 조율하는 과정 중에서 가능해진다. 변증법이란, 문답에 의해 진리에 도달하는 방법을 말하는데, 이를 통해 창조적인 대화를 하고 보다 높은 수준의 결론을 도출해 낼 수 있다.

어떤 주제에 대한 자신의 생각을 누군가가 부정했다고 하자. 거기에는 자신의 생각과 그것을 부정한 상대방의 사고방식이 존재할 것이다. 이때 수준 낮은 논의를 하는 사람들은 "역시 내가 옳다", "아니다. 내가 옳다"라며 서로 자기만의 논리에서 벗어나지 못한다. 새로운 전개가 없으므로 단순히 힘에 의해 좌우되는 줄다리기 승부나 혹은 다람쥐 쳇바퀴 돌 듯한 상황에 빠지고 만다.

이와는 달리 서로 다른 두 생각을 종합해 보다 높은 차원으로 이끌어냄으로써 어느 쪽의 논리와도 모순되지 않는(즉, 서로 납득하는) 답을 유출하는 것이 변증법이다.

간단히 말해서 과자 하나를 놓고 다투는 아이들에게 과자를 반으로 쪼개 나눠주는 것과 같다. 자기만 갖겠다는 '낮은 차원'에 사로잡

혔던 아이들도 절반씩 나누는 공정한 원리에는 납득을 한다. 자기주장과 힘이 충돌하는 차원에 머무는 것이 아니라 '규칙'이라는 보다 높은 차원으로 들어가는 것이다.

다른 예를 들어보자. 학생이 시험공부도 하고 싶지만 특별활동인 운동도 열심히 하고 싶을 때, 부모들은 '운동 같은 건 뒤로 미뤄'라고 할지도 모른다. 이런 경우 양자택일이라는 차원으로는 문제가 해결되지 않는다. '일거양득'이라는 새로운 차원을 생각해 내야 한다. 예컨대 등하굣길 전철에서 하던 게임을 멈추고 영어 단어를 외우는 것이다. 또 밤늦게 자지 말고 조금 일찍 일어나 문제집을 푼다. 이렇게 시간을 잘 조절하면 운동과 공부의 병행이 가능해진다. 효율적인 공부가 몸에 배어서 성적 향상도 기대할 수 있게 되는 것이다. '이것 아니면 저것'이 아니라 '이것과 저것 둘 다'를 목표로 아이디어를 내면 보다 응용력 높은 사고방식에 도달한다.

대략적인 변증법을 정리하면 아래와 같다.

1. 테제(명제)가 있다.

2. 안티테제(반명제)가 제시된다.

3. 아우프헤벤(지양 또는 피함)으로 통일한다.

하지만 혼자서 변증법을 실행하려면 굉장히 피곤하다. 자신을 부정해야 하기 때문이다. 옳다고 믿는 일을 스스로 틀렸다고 부정해야 한다. 틀렸다면 어디가 어떻게 틀렸는지 지적해야 하는데, 그러기 위해서는 떼쓰는 아기와 그 아기를 달래는 부모 역할을 동시에 해야 한다. 실행하기 쉽지 않은 일이다.

이런 관점에서 본다면 대화에는 상대와의 의견 차이나 어긋남이 필연적으로 요구된다. 이러한 차이와 어긋남은 결과적으로 오히려 일을 쉽게 만든다. 나는 이것을 간단 변증법이라 부르는데 기획 회의 등에 적용하면 알맞다.

앞에서도 말했듯 혼자서 변증법적으로 아이디어를 내기는 어렵다. A라는 아이디어를 내고 이와는 대립되는 B라는 아이디어를 내서 A를 부정해야만 한다. 게다가 한 단계 뛰어넘어 A와 B가 모순 없이 통합되는 C라는 개념을 창출해야 한다. 혼자서는 어렵지만 둘이라면 A와 B를 내는 것은 물론이고 창조적인 통합안 C로 비교적 쉽게 아우프헤벤에 도달한다. 사고의 피곤이 덜하다.

일상에서 변증법적이고 대화적인 사고법을 익혀 두면, 다람쥐 쳇바퀴 돌 듯 쓸데없는 사고에 빠지지 않고 언제나 창조적인(새로운 의미를 가진) 해결책이 얻어진다. 이 대화적인 사고법이 가능해지는 것 자체에 배움과 공부의 의의가 있다.

7

참견하면서 읽는 3색 볼펜 독서법

'대화적 사고'는 도와주는 사람이 없어도 혼자서 단련할 수 있는 두뇌 훈련법이다. 대화하면서 책을 읽는 것이 그 방법이다. 앞서 소개한 책 『괴테와의 대화』는 대화 형식으로 기록돼 있다. 이런 책을 읽다보면 실제로 저자와 어느 장소에서 대화를 나눈다는 느낌을 맛볼 수 있다. 좀처럼 타인을 칭찬하지 않는 프리드리히 니체도 이 책을 "독일어로 쓴 가장 훌륭한 책이다"라며 감탄했다.

니체 역시 나중에 『차라투스트라는 이렇게 말했다』에서 차라투스트라와 대화하는 형식을 취한 바 있다. 아무래도 독자 입장에서는 다른 형식보다 몰입하기가 쉽다.

그러나 이런 책들처럼 굳이 대화 형식을 취한 책이 아니더라도 대화는 가능하다. 어떤 책이든 괜찮다. 읽으면서 책에게 질문을 던지는 것이다.

여기서 필요한 것이 3색 볼펜이다. 나는 책을 읽을 때 3색 볼펜을 사용한다. 빨간색, 파란색, 녹색의 세 가지 색이 하나의 펜에 든 볼펜이다. 색깔별로 한 자루씩이어도 괜찮지만 바꿔 쥐어야 하는 번거로움이 싫어서 세 가지 색이 하나로 모인 3색 볼펜을 애용한다. 검은색이 들어간 4색 볼펜이 더 일반적이므로 그것도 괜찮겠다. 다만 나는 검은색은 거의 쓰지 않는다.

아무튼 이 3색 볼펜으로 책에 선을 긋기도 하고 글에 동그라미를 치며 읽는다. 이렇게 하면 저자와 대화를 나누는 듯한 느낌이 든다.

색깔은 다음과 같이 구분해서 사용한다.

★ 빨간색 : 객관적으로 가장 중요한 부분

★ 파란색 : 객관적으로 중요하지만 빨간색보다 덜 중요한 부분

★ 녹색 : 주관적으로 재미있다고 느끼거나 흥미를 가지는 부분

나는 재미있게 느낀 부분을 중점적으로 체크하기 때문에 녹색을 사용하는 빈도가 높은 편이다. 그렇다고 깊이 고민하는 것은 아니다. 읽어나가면서 그때그때 주목하게 되는 부분을 하나씩 체크한다. '어, 그래?', '이건 왜 그런 거야?', '그럴 경우도 있나?', '여기는 좀 이상한데?' 내용이 무엇이든 감상이 떠오르는 부분에 따옴표를 찍든 선을 긋든 동그라미를 치든 표시를 한다.

예전에 나는 '책이란 저자가 쓰는 것이고 독자는 애초부터 책 바깥에 있다'고 생각하고 책을 읽었다. 허나 이렇듯 3색 표시를 하며 읽다보면 나도 책 속으로 들어가게 된다. 책을 쓰는 데 나도 한몫 거드는 듯한 기분이 된다. 표시는 저자에게 질문하거나 의견을 말하는 것과 같다.

'그래, 그래', '거기, 거기', '그 점을 듣고 싶었어.' 이렇게 추임새를 넣는 독서법을 나는 '참견하는 독서'라고 부른다.

저자를 만담에 등장하는 우스꽝스러운 캐릭터라고 생각하고 '허, 정말이야?', '어떻게 그럴 수가 있지?', '그건 그래', '그런 게 아니야' 같은 말을 마음속으로 넣어가며 읽는 것이다. 떠오르는 생각을 일일이 적기가 귀찮을 때는 녹색으로 동그라미를 치고 ?나 !나 ◎ 등의 표시를 해둔다.

물론 시시콜콜 말을 붙인들 책이 대답할 리는 없다. 하지만 이 방법을 사용하면 틀림없이 수동적인 독서에서 적극적인 독서로 변한다. 멍하게 내용을 읽고 잊어버리는 것이 아니라 하나하나 머리에 새기게 된다.

8

의심 없이 받아들이는 적극적인 학습 방법

3색 볼펜으로 표시하며 읽기, 이것이 대화적 독서법이다. 그렇다고 무조건 의심하면서 읽으라는 뜻은 아니다. 사람은 기본적으로 자신 이외의 것을 대할 때는 순수한 마음을 가져야 한다. 적어도 책을 읽는 동안에는 저자에게 고분고분한 것이 좋다.

처음부터 의심하게 되면 이야기를 듣거나 책을 읽어도 얻는 게 전혀 없다. 그저 시간 낭비가 될 뿐이다. 기본적으로 의심 없이 순순히 받아들여서 읽자. 그렇게 제대로 받아들임으로써 두뇌에 영양을 공급하자. 이렇게 마음을 열면 한 사람만 맹신할 위험이 없어진다. 그러니 마음을 열 상대를 다양하게 찾기를 바란다.

일반적으로 고분고분하다고 하면 '상대방이 하는 말을 그대로 받아들인다'는 이미지로 여기기 쉬운데 그렇지 않다. 오히려 고분고분한 것이 곧 적극적인 자세다. 마음속에 거리낌이 없기에 오히려 방해도 받지 않고 순조롭게 집중해서 받아들인다. 즉, 어떤 책이라도 편식하지 않고 읽게 되고 그 내용이 머리에 들어온다. 3색 볼펜으로 표시하면서 저자와 대화하는 적극성은 한 행도 빠짐없이 읽고 내용을 이해해 확실히 머리에 새기기 위한 방법이므로 그야말로 마음을 활짝 열어둔 상태가 되도록 만들어준다.

아무런 대화 없이 묵묵히 듣거나 읽는 '소극적인 온순함'은 도움이 되지 않는다. 경우에 따라서는 가만히 듣고 있는 듯 보여도 사실 아무것도 듣지 않을 때가 있다. 고분고분해지기 위해서는 적극성이 필요하다.

3색 볼펜으로 표시를 하면 적극성이 높아진다.

9

대화를 하듯이 사고하는 것이 능력

표시하고 끼어들기는 독서뿐 아니라 다른 곳에서도 필요하다.

시민이 판결에 참가하는 배심원 재판을 떠올려보자. 그곳에서도 '질문력'은 매우 중요한 역할을 한다. 제1회 배심원 재판에서 있었던 일이다. 어느 배심원이 경찰이 만든 조서와 증언이 일치하지 않는다며 증인에게 조서를 어떻게 확인했는지 물었다. 재판에서 '조서의 내용이 옳은가 그른가?'는 종종 문제가 되는 부분이다. 그런데 '어떻게'라는 방법과 과정은 그동안 이슈가 된 적이 없었다.

하지만 그 배심원에게는 이 부분이 빨간색으로 표시한 중요한 포인트였던 것이다. 증인은 "솔직히 기억이 나지 않습니다"라고 대답했다. 조서 내용을 확인한 사실이 기억나지 않는다면 조서가 옳은 것인지 의문이 생길 만하다. 결국 질문력을 갖춘 배심원의 질문으로 심리(審理, 법원이 증거나 방법 등을 심사하는 것—편집자)는 한층 신중해졌다.

이를 테면, 질문을 통해 자기 안에 있던 다양한 정보들이 지그소 퍼즐처럼 제자리를 찾는다. 지그소 퍼즐은 모든 조각이 제각각 어지럽게 흩어져 있어서 시작 시점에서는 어떤 조각부터 찾아야 할지 모른다. 어디서부터 어떻게 맞춰나가야 할지 예측하지 못하는 상태이다.

그럴 때 질문이 실마리를 제공한다. 질문을 떠올리는 것은 상대를 이해하는 가장 가까운 길이다. 질문을 하려면 내용을 잘 이해해야 한다. 질문하는 일은 바로 진정한 이해로 직결된다.

모임이나 회의에서도 표시하기 즉, 질문을 하는 게 좋다. 그런 장소에서는 대부분 몇 장의 자료를 배포한다. 제대로 정리돼 있다면 다행이지만 장황하고 정리가 안 된 문서라면 머리에 잘 들어오지 않는다. 읽기조차 귀찮아진다. 이럴 때는 시작하기에 앞서 이런 질문을 해보자.

"오늘 모임의 요점은 무엇입니까?"

"결정해야 할 사항의 우선순위는 어떻게 됩니까?"

"이 자료에서 특히 중요한 곳은 어디입니까?"

사실 질문을 받기 전에 진행자가 미리 이 같은 자료를 준비해 두면 좋다. 요점을 알면 효율이 높아진다. 참가한 모든 사람들의 의식도 그곳에 집중된다. 회의는 순조롭게 진행되고 자신의 의사도 반영할 수 있으니 일거양득이다.

반대로 정리되지 않은 채 회의가 시작되면 회의에 참가한 사람 모두가 논점을 정하지 못한다. 이 같은 상황에서는 "의견 있으십니까?",

"질문 있으십니까?"라고 물어도 대답하는 사람이 없다. 지루하게 수동적인 태도로 회의가 끝나고 시간도 낭비된다.

당연한 이야기지만 대화적 사고는 책보다 직접 사람을 상대로 하는 편이 쉽다. 사람이 자기 앞에 있는 경우라면 계속해서 체크하고 끼어들고 질문을 던지자. 이렇게 하면 자신의 수준 향상에 큰 도움이 된다.

★ 책에는 3색 볼펜으로 표시하기

★ 사람을 대할 때는 존경하는 마음으로 의심 없이 받아들이기

★ 대화에 끼어들어 질문하기

이것이 대화적 사고의 핵심이다.

Good study skills

'관심의 네트워크'라는 뿌리줄기가 얼마만큼 어느 방면으로 줄줄이 발달해 있는지에 따라 쉽게 흡수하는 지식의 영역이 바뀐다. 이 말을 뒤집어 보면, 지금까지는 흥미가 없던 분야라도 자신의 관심 네트워크와 접점을 찾게 되면 적극적으로 지식을 흡수한다는 뜻이다.

04 chapter

고민하면 답은 반드시 있다

MON

TUE

WED

THU

START ▶▶

FRI

SAT

SUN

1

공부하는 얼굴은 언제나 청춘

"나는 평생 서생이고 싶다."

『올빼미의 성』, 『료마龍馬는 간다』 등을 쓴 소설가 시바 료타로는 이런 글을 남겼다.

이 이야기를 가르치는 학생들에게 해주면 서생이라는 말의 의미를 잘 모르는 이들에게서 가끔 "서생이란 하숙생을 말하는 것입니까?" 라는 질문을 받는다. 물론 조금 다르다. 서생이란 학자나 교사, 독지가 밑에서 거주하면서 가사나 일을 돕는 한편 면학에 힘쓰는 젊은이를 말한다. 그러나 하숙생이란 단순히 방세와 식비를 내고 남의 집에서 숙식하는 사람이다.

메이지 시대와 다이쇼 시대1912~1926 즈음을 배경으로 한 영화와 드라마에서는 일본의 전통 복장인 기모노에 하카마(기모노 위에 입는 남자 옷—편집자), 높은 게다를 신은 서생들이 종종 등장한다. 생활 전부를 남에게 신세지는 만큼 그들은 오로지 면학에만 진지하게 몰두했다. 이처럼 서생이라고 하면 일반적으로 성실하고 인내심 있는 사람이라는 이미지가 강하다.

한 사람의 서생이 되고 싶다는 말은 시바 료타로가 작가로서 사람들에게 인정받은 후에 한 말이다. 그는 공을 세우고 이름을 떨친 후에도 한결같이 학생으로 남아 있고자 했다. 그 사실을 알고 나는 '그렇기에 그가 그리도 좋은 작품을 계속 써냈구나'라고 이해했다. 시바 료타로가 말한 서생이란 자신의 미숙함을 알고 사치하지 않으며 오로지 공부하는 마음을 간직한 사람을 이르는 것이리라.

일반적으로 서생 신분으로 보내게 되는 10~20대는 젊은 에너지를 학습 에너지로 바꿔 자신을 단련해 나가는 때다. 이 시기에 사람은 가장 많이 성장하며 스스로 학문에 흥미를 느낀다.

사람은 30, 40대로 나이가 들어가면 '미숙하니 단련해야 한다'는 마음가짐을 잃기 십상이다. 자연히 느슨해져 버린다. 그렇기에 시바 료타로는 "일개 서생으로 살고 싶다"고 염원한 것 같다. 현재 서생이라는 단어는 거의 사어死語가 되었다. 하지만 만일 예전의 그 외골수적인 서생처럼 계속 배워 60, 70대가 되어서도 '나는 아직 서생이다'라고 말하는 사람이 있다면 그는 쉽게 늙지 않는 사람일 것이다. 분명 정신적인 젊음을 유지한 사람일 것이다.

그런 사람은 매력적이다. 틀림없이 누구나 호감을 갖는다. 왜냐하면 (진정한) 공부를 하고 있는 사람은 남에게 폐를 끼치지 않기 때문이다. 사람들은 할 일이 없어서 남을 괴롭히거나 나쁜 짓을 하는 것이다. 바쁜 사람들은 그런 쓸데없는 일을 할 여유가 없다.

그리하여 인간으로서 수준이 높아질수록 점점 더 시시한 일은 하지 않게 된다. 점점 더 매력이 상승한다. 평생 공부를 계속하는 까닭이다. 이미 가지고 있는 지식이나 지혜는 몇 번이고 계속 사용해 버리면 그 의미가 퇴색되거나 평범한 것으로 가치가 하락하기도 한다. 때문에 세상에 쌓여가는 '공부할 것들'을 부지런히 자신에게 입력하는 사람만이 비로소 새롭고 상쾌해진다. 아무리 나이가 들었어도 공부하고 있는 주제에 대해 말을 붙이면 얼굴에서 빛을 내며 젊은이 못지않은 활기로 대화를 이어나간다. 여러분도 그런 얼굴을 갖고 싶지 않은가?

2
요약된 줄거리는 위험한 지름길이다

서생의 한결같음과 반대되는 느낌을 가진 것이 바로 '지름길'이다. 앞으로 정보화는 계속 진행되고 분명 더 편리한 세상이 될 것이다. 그 '편리함'을 만들어 내는 것 중 으뜸은 지름길이다. 최근 몇 년간만 보더라도 모든 부분에서 지름길이 생겨났다. '세계 명작을 줄거리로 읽는다'는 책들이 그 전형적인 예이다. 누군가는 책이라는 것은 이야기의 줄거리를 알면 그것만으로도 읽었다는 기분이 들지도 모르겠다. 하지만 줄거리를 읽었다고 해도 결코 작품은 다 알 수 없다. 이는 두말하면 잔소리다. 줄거리라는 정보는 얻을지 몰라도 하나하나의 단어가 가지는 의미와 글 자체에 대한 개성을 모르기 때문이다.

'주인공이 이러해서 이렇게 되었습니다'라는 요약은 생선으로 말하자면 뼈이다. 그것만으로는 생선을 파악할 수 없다. 요약에는 원래의 실체가 없기 때문이다. 만화를 줄거리로 읽고 싶어 하는 사람은 없을 것이다. 원문은 독자의 어떠한 탐구에도 호응해 준다. 요약본보다야 읽는 데 시간이 걸리겠지만 거기에서 다양한 가치를 얼마든지 끄집어낼 수 있다.

단어나 표현법은 기억하는 것만으로도 의의가 크다. 문학은 고전부터 현대까지 어려운 것을 포함해 다채로운 어휘와 한자가 구사돼 있다. 즐기면서 단어를 폭넓게 체득한다. 이른바 커뮤니케이션 능력이 생기는 것이다.

모르면서 아는 척하는 것이 아니라 참된 지식을 얻게 된다.

'『섣달 그믐날』 등을 쓴 일본 근대소설의 개척자이자 여류 소설가인 히구치 이치요의 문장은 참으로 유려하다, 장편소설 『금각사』 등을 쓴 미시마 유키오의 책은 어려울 것이라고 생각했는데 의외로 폭소가 터지는 부분도 있다' 등의 감상은 원작을 읽지 않고는 나올 수 없다.

무엇보다 원전은 재미있다. 재미있으면 공부에 대한 의욕도 자극을 받는다. 원전을 접해 얻는 장점은 이 밖에도 무궁무진하다. 단 한 페이지라도 좋다. 원전을 접한다면 그만큼 얻는 것이 많아진다. 그 모든 것은 '그림자' 같은 요약본이 아니라 실체를 접했기에 알게 된 것들이다.

지름길의 위험은 문학에만 국한된 것이 아니다. 모든 영역의 지적 단련에는 지름길이 존재한다. 효율적인 공부는 즉각적인 결과를 구하는 것과 다르다. 가치가 있다면 아무리 시간이 걸린다 해도 아까워하지 말아야 한다.

3

멀리 돌아가는 길이 중요한 재산이 된다

문학을 연구한 책은 무수히 생산된다. 문학과 철학, 종교의 원전은 그 자체만으로 가치가 높기에 아무리 연구해도, 누가 연구를 해도, 항상 다양한 방면에서 결과가 도출된다. 특히 그 중에서도 성서를 연구한 책은 수도 없이 많다.

이처럼 진정한 텍스트를 직접 마주하고, 다소 힘이 들더라도 시간을 들여 몰두해 언젠가는 확실한 자신의 것으로 만들어보라. 이것은 일찍이 유럽에서 채택한 연구 방법이었다. 동양에서도 이와 비슷하게 텍스트와 씨름하는 전통이 있었으나 근대 일본에서는 유럽식 연구 방식을 지향했다.

굳이 유럽식이라고 단정한 이유는 미국의 연구 스타일은 상당히 다르기 때문이다. 단도직입적으로 말하면 미국 문화에서는 모든 것을 띄엄띄엄 대략적으로 파악한다. 아무리 복잡한 것도 놀라우리만큼 단순화한다. 예를 들어 유럽의 철학서를 미국인이 번역하면 너무 쉬워서 불안할 정도다. 프랑스와 독일의 철학서를 읽을 때, 일본어로 된 번역서를 읽는 것보다 영역판으로 읽는 편이 더 쉽게 이해될 정도다.

그 예가 '현존재'라는 단어다. 독일의 철학자 마르틴 하이데거가 쓴 『존재와 시간』을 일본어로 읽으면 우선 '현존재'라는 단어에 부딪친다. "현존재란, 자기를 현재 거기에 있는 것으로 자각하는 존재. 즉, 인간적 실존을 말한다. 현존재가……"라는 문장부터 이해하기 어렵다.

현존재란 원래의 독일어로는 다자인Dasein이다. 번역하면 한마디로 '자기의식을 가진 인간'을 뜻한다. 그러나 원어의 뉘앙스를 좀 더 정확하고 세심하게 살리고자 애쓴다면 위와 같이 어려운 번역이 된다.

그런데 미국식으로 번역하면 너무 노골적이라 할 만큼 간단하게도 '있다'라는 뜻을 가진 '빙being'이 된다. 정말 심플하고 직선적이다. 거치적거리는 것이 없다. 그렇다고 미국식이 무조건 나쁘다는 뜻은 결코 아니다. 하지만 이렇게 이해하기 쉬운 단어에는 커다란 함정이 숨어 있다.

첫째, 번역이란 옮긴이의 지적 수준에 따라 모든 것이 결정된다는 점이다. 둘째, 어느 나라 언어로 번역하는가에 따라 때로는 적절히 대응되지 못하는 단어도 있다. 그런 연유로 너무 쉽게 번역돼 있다면 뭔가 본질적인 것이 희생되거나 상실된 것은 아닌지 걱정스럽다. 결국 번역이라는 지름길을 통해 내용을 쉽게 이해하려고 해서는 안 된다. 자칫 잘못하면 중요한 부분을 지나쳐버릴 위험이 있다.

책에서 "아침에 신선한 과일을 먹으면 몸에 좋다"라는 글을 읽은 적이 있다. 실제로 건강을 의식해 과일을 먹는 사람이 많다. 그런데 비타민C는 다 똑같다고 여기고 보조제만 먹는다면 어떻게 될까? 상당 부분 본질이 누락될 것이다. 과일은 단순한 비타민C가 아니다. 맛있는 과육과 과즙, 향, 생과일에만 들어 있는 영양소와 효소, 다양한 것들이 복잡하게 서로 얽힌 결과로서 하나의 생명체를 이루고 있다. 그러므로 '과일은 곧 비타민C'라는 쉬운 번역을 하면 당연히 이상해진다.

분명 알약은 편리하다. 하지만 알약에는 생과일에만 포함된 여러 가지 것들이 누락돼 있으며, 오히려 그 부분이 사실은 더 중요한 경우도 있다. '소재 그 자체'에서만 얻는 것들이 있는 법이니 말이다.

요즘 같은 시대에는 이처럼 마음만 먹으면 얼마든지 지름길로 갈 수 있다. 그런 탓에 소재 그 자체와 마주하는 것이 오히려 먼 길을 돌아가는 듯한 느낌마저 든다. '맛있는 부분만 취하는 것이 현명한 방법'이라는 속삭임이 귓가에 들리는 듯하다.

하지만 멀리 돌아가는 듯 보이는 길이야말로 때로는 자신에게 가장 중요한 재산이 된다. 오히려 쓸모없어 보이는 것 속에 다른 데서는 얻지 못하는 풍요로운 지知가 들어 있는 경우가 많다. 지름길이라는 쉬운 길을 피하고 정도를 걷는 것이 결국에는 현명한 방법이다.

4

한 번 포기한 부분을 다시 파고드는 힘

나는 인터넷 검색을 거의 하지 않는다. 손쉽게 얻은 지식을 믿지 않는 탓도 있지만 인터넷상에 있는 정보는 대개 '요약판'이기 때문이다. 원본의 일부를 발췌한 '다이제스트판'은 읽지 않는 것이 나의 원칙이다. 일부 발췌했다고는 해도 원본과 다르기 때문이다. 줄거리처럼 요약된 정보는 알기 쉽다는 명목 아래 쏟아져 나오는 그저 '넘치는 정보'일 뿐이다.

내 흥미는 '머리와 지력을 어디까지 단련하는가?'에 있다. 아무리 요약과 줄거리, 지름길로 속도를 내봐도 머리는 절대로 단련되지 않는다. 시간이 걸리더라도 일부만이라도 좋으니 진정한 것에 꼼꼼히 몰두해야만 공부가 된다. 도저히 감당하기 어려운 대상일지라도 우선은 물고 늘어져 보는 데 의의를 둔다. 복권에 당첨되고 싶다면 복권부터 사라는 말이 있다. 무슨 일이든 시도해 봐야 뭐라도 생긴다. 도토리를 깨물어 보고 '딱딱하다'고 실감만 했다 해도 참된 배움이다.

그렇다면 이쯤에서 본질을 실감하기 위한 대상으로, 예컨대 칼 마르크스의 『자본론』을 읽어보는 건 어떨까? 이 책은 난해하기 짝이 없다. 너무 치밀한 문장이라서 도중에 읽기를 포기하고 싶어질 정도다. 무엇을 말하는지 도저히 이해하기 어려울지도 모른다. '이게 대체 무슨 소리야?'라고 머리를 쥐어뜯는 광경이 눈앞에 선하다. 그럴 때는 여기저기 책장을 넘기며 띄엄띄엄 읽기만 해도 좋다. 우선은 모르는 것을 만난다는 데 의미가 있다. 무거운 아령을 들어 올려야 근육이 단련되듯 난해함에 맞서야 두뇌가 단련된다.

한 번밖에 들어 올리지 못했던 아령도 단련을 통해 내일이면 두 번을 들어 올리게 된다. 『자본론』도 일주일이고 한 달이고 열중하다 보면 조금씩 읽기 쉬워진다. 1년을 읽는다면 크게 달라질 것이다. 3년 정도 지나 다시 읽어본다면 스스로 놀랄 만큼 이해하고 있을지도 모른다. 초등학교 저학년 때는 매우 어렵게 느껴지던 글이 고학년이 되자 아무렇지도 않게 이해되던 경험은 없는가? 어려운 일도 단련하면 할 수 있게 된다. 물고 늘어져라.

5

쓰면서 하는 공부의 놀라운 효과

'무지'의 상태에서 해답을 찾는 귀중한 경험을 단절시키는 장벽이 지금의 인터넷이다. 모르는 것이 있을 때 인터넷을 사용하면 손쉽게 답(같은 것)을 얻는다. 관련 키워드를 검색 사이트에 입력하고 엔터키를 누르면 이런저런 정보가 우르르 쏟아져 나온다. 이런 정보들이 쏟아지는 데는 불과 몇 초밖에 걸리지 않아서 순식간에 아는 것이 당연한 것처럼 여겨진다. 반대로 금방 해결하지 못할 때는 괜히 안절부절못한다. '알지 못하는 것'과 맞닥트린 후 불쾌감을 느낄 때까지의 시간이 굉장히 짧다.

이런 추세는 더 가속화된다.

의문 → 간단 검색 → 이해 → 종료

이 편리함을 역행하기란 좀처럼 쉽지 않다.

하지만 공부를 통한 즐거움은 사실 무지를 간직하는 데 있다. 클릭 한번으로 금세 얻어지는 요약된 정보만 접하고 공부를 다했다고 생각한다면 진정한 즐거움은 느끼지 못한 것이다. 학자들은 모르는 것에서부터 오는 재미와 가치를 알기에 5년이든 10년이든 공부한다. 그들의 무지는 이른바 '가치 있는 무지'이다. 알게 되면 커다란 기쁨이 기다리고 있으므로 해결하려고 노력하는 의미가 커진다. 모르면 '자신의 능력이 부족하니까'라고 겸허하게 생각한다.

반면 앞뒤가 맞지 않는 서툰 설명으로 인한 무지도 있다. 내용도 별로 없으면서 어려운 단어와 거드름 피우는 표현만 늘어놓아 이해하기 어렵게 만드는 경우가 꽤 많다. 이는 '가치 없는 무지'이다. 이런 무지는 이해하려는 노력조차 아깝다. 잘 확인해서 즉각 에너지를 다른 쪽으로 돌리는 것이 좋다.

사람은 가치 있는 무지에 대해서 얼마든지 열심히 노력한다. 어떤 과제를 항상 머릿속에 품고 있으면 그와 관련된 지가 쌓인다. 그것이 아이디어를 낳는 힘이 된다. 지의 단련을 위해서는 한 가지 일을 계속 생각해야 한다. 예를 들어 '두 시간 동안 줄곧 한 가지 일만 생각할 수 있는가?'라는 것만으로도 그것이 가능한 사람과 불가능한 사람으로 확연히 구분된다. 그 일에 흥미가 있고 없음의 문제가 아니다. 한 가지 생각에 오랜 시간 몰두하는 기술을 몸에 익히고 있는지 아닌지의 문제이다.

그 기술을 단련하기 위한 첫번째 단계가 바로 공부이다. 일반적으로 공부를 하지 않으면 오랜 시간 동안 계속 한 가지를 생각하는 것이 어려워진다. 생각은 하지만 같은 생각만 다람쥐 쳇바퀴 돌 듯 반복하고 있다면 계속해서 생각하는 것이 아니다. 좋은 생각도 떠오르지 않는데 생각만 오래 하는 것은 시간 낭비이다. 생각을 발전시켜 나가기 위해서는 생각하면서 종이에 무언가를 써보는 게 좋다. '그런 것일까? 이런 것일까?'라고 떠오르는 생각을 적거나 혹은 그림으로 그려본다.

자신의 사고와 생각하는 과정을 눈으로 보게 되면 일목요연하게 정리가 된다. 사고에 질서가 생기고 생각의 낭비가 없어진다. 봉지에 들어 있는 것을 그저 손으로만 만지기보다 눈으로 보고 찾으면 금방 찾게 되는 것과 똑같다. 이것이 생각하는 기술이다. 종이에 적으면서 생각하는 습관을 가진 사람이 두 시간 동안 머리를 짜낸다면 수준 높은 사고가 가능하다. 나아가 두 시간이 아니라 2주간 계속한다면 어떻게 될까? 도달하리라고 예상하지 못한 곳까지 다가간다.

머릿속에서 백번 생각해 봐야 의미가 없다. 어디까지나 끈질기고 집요하게 생각해서 구체적인 생각을 종이에 정리하고 발전시키는 사람, 그런 사람이 '우수한 사람'이 된다.

6

문제는 언제나 힌트를 동반한다

보통 사람은 생각해야 할 일이 많으면 마음이 무거워진다. 하지만 우수한 사람이나 잘난 사람은 문제를 많이 안고 있어도 스트레스를 받지 않는다. 문제가 많으면 많을수록 문제 해결을 위한 힌트도 늘어나기 때문이다. 우수한 사람은 새로운 문제를 해결하기 위해 기존의 문제 해결법을 적용할 줄 안다. 그에게 새로운 문제는 오히려 환영해야 할 대상이다.

그러므로 해결해야 할 문제를 5개 가진 사람과 50개 가진 사람 중에서 문제를 더 잘 해결하는 사람은 당연히 50개를 가진 사람이다. 이것은 저것의 힌트가 되고 그것은 이것의 참고가 되어, 해결에 도움을 주는 정보가 문제를 5개 가진 사람보다 50개 가진 사람이 더 많기 때문이다. 문제가 적으면 갖고 있는 힌트끼리 상호 연관될 가능성이 적다. 반대로 문제가 많을수록 많은 힌트를 찾게 된다. 그러니 스트레스로 괴로워할 것도 없다.

지식과 기억력은 스스로 단련되는 것이 아니라고 생각한다. 그래서 나는 흔히 유행하는 '뇌 트레이닝'에 효과적이라고 광고하는 게임을 하거나 책을 읽지도 않는다. 뇌 단련에는 더 효과적인 방법이 있다. 바로 '내가 품고 있는 문제'를 이용하는 것이다. 문제를 점점 더 많이 끌어안다 보면 다양한 정보들이 얽히게 된다. 이런저런 것들이 얽히고설켜서 자연스럽게 머리 안에 쌓인다. 말하자면 지식이 축적되기 쉬운 상태가 되는 것이다.

예를 들어, 세금에 대해서 문외한인 내가 상속세로 고민하고 있다고 하자. 적정한 납세를 위해서 해설서를 읽거나 혹은 그것을 잘 아는 사람에게 물어볼 것이다. 그 결과 세무에 밝아지게 된다. 이렇게 얻은 지식은 자연스럽게 머리에 들어간다.

기억력이나 머리가 좋든 나쁘든 관계없다. 평소에는 그냥 스쳐 지나가던 정보일지라도 필요해지고 관심도가 높아지면 지식이 되어 머

리 안에 차곡차곡 쌓인다. 자신이 진정으로 원하는 정보라면 지식으로 정착된다.

나는 기억력이 썩 나쁜 편은 아니라고 생각하는데, 유독 길은 잘 못 외운다. 사람들 손에 이끌려 여러 식당에도 가보았지만 이후에 혼자 가려고 하면 대부분 장소를 기억하지 못한다. 사람들이 내게 '사이토 씨는 이런 저런 가게를 많이 알고 계시죠?'라고 물을 때가 많은데 나는 어디에 어떤 가게가 있는지 까맣게 잊은 지 오래다. 무엇을 먹었는지도 거의 기억하지 못한다. 길이나 음식에는 별로 흥미가 없다. 어느 브랜드 제품이 어떻다고 누가 말해 줘도 아무런 소용이 없다. 관심이 없기 때문에 전혀 모른다.

반대로 세상에는 한번만 가보면 어디든 가는 사람도 있다. 도쿄 안의 맛집을 찾아다니느라 머릿속에 맛집 지도를 줄줄 꿰고 다니는 사람도 있다. 지하철 노선도를 통째로 외우는 사람도 있다. 단순히 기억력이 좋거나 머리가 좋다고 해서 될 일은 아니다.

7

뿌리줄기로 흡수하고 뻗어나가는 공부법

철학의 세계에는 '리좀rhizome, 뿌리줄기'이라는 용어가 있다.

공부에 리좀을 대입해 보자면 '관심의 네트워크'라는 뿌리줄기가 얼마만큼 어느 방면으로 줄줄이 발달해 있는지에 따라 쉽게 흡수하는 지식의 영역이 바뀐다. 이 말을 뒤집어 보면, 지금까지는 흥미가 없던 분야라도 자신의 관심 네트워크와 접점을 찾게 되면 적극적으로 지식을 흡수한다는 뜻이다.

이는 앞에서 말했던 '무엇을 위해 공부하는가? 공부해서 무엇을 하고 싶은가?'라는 근본적인 동기와도 관계가 있다. 정체성을 조금만 달리해도 다양한 분야로 관심의 뿌리줄기가 뻗어나간다. 그렇게 해서 그동안 기억하지 못한 일들을 조금씩 기억하게 된다.

거듭 말하지만 상상력을 펼침으로써 정체성의 영역은 확장된다. 최근 들어 전국시대(1467년 오닌의 난 때부터 1573년 오다 노부나가가 무로마치 막부를 완전히 멸망시킨 때까지의 시대—옮긴이)와 에도시대에 관심을 갖는 사람이 늘고 있는데, 그런 사람들에게는 마치 자신이 지금 전국시대와 에도시대에 살고 있는 듯 상상하는 능력이 공부의 촉진제가 될 것이다.

계기는 무엇이 되든 상관없다. 전국시대에 관한 책으로 나는 『효우게모노へうげもの, 익살꾼』라는 만화를 애독한다. '후루타 오리베'라는 무장 다인茶人을 중심으로 한 다도 드라마인데 센노 리큐, 도요토미 히데요시, 도쿠가와 이에야스 등 유명 인물들이 다양하게 등장하며 상상력을 불러일으키므로 공부에도 도움이 된다.

전국시대에 대해 한 가지 불가사의한 점이 있다면 '그렇게 참혹하게 죽고 죽이는 시대에 왜 그토록 다도를 숭배했을까? 왜 그렇게 다구에서 높은 가치를 찾으려 했을까?'라는 점이다. 다구 하나가 때로는 성 한 채와 맞먹는 가치를 지니기도 했다. 현대를 사는 내게는 그런 가치관이 이해하기 어려웠다. 그 의미를 알지 못했고 그에 대해 아는 바도 없었다. 허나 읽고 나서는 '그렇구나. 그럴지도 모르겠다'라고 여러 가지 면에서 이해할 수 있었다. 특히 오다 노부나가와 도요토미 히데요시에게 봉사하며 다도에 관한 일을 맡아보았던 리큐라는 인물에 대해서도 그동안 생각했던 것과 달리 검소하기만 했던 사람은 아니었다는 점을 묘사해 놓아 새로운 이미지를 갖게 했다.

물론 만화는 오락물이라서 지나치게 과장되거나 단정적으로 묘사한 부분이 많다. 그래도 읽을 만한 가치는 있다. 더욱이 이 만화를 통해 지적 호기심을 자극받아 리큐와 주변의 다인, 전국시대 전체에 대한 책이 읽고 싶어졌다. 야마모토 겐이치의 베스트셀러 『리큐에게 물어봐』도 그와 같은 촉진제가 되었다.

어느 한 분야에 상상력이 자극을 받으면, 관련 분야의 조금 더 어려운 책도 읽고 싶어진다는 사실이 흥미롭다. 이것이 바로 감각으로 하는 공부다. 이때 꼭 한 나라로 범위를 국한시킬 필요는 없다. 로마 시대나 르네상스 세계에 빠진 사람이라면 그에 대한 상상력이 관심의 네트워크를 확장시키는 정체성이 되어준다. 계속해서 '뭐든 한 권 더', '다른 것은 더 없을까?'라는 식으로 흥미가 발전하고 그 분야를 알고 싶어서 더욱 공부하게 된다.

지식은 점點이 아니라 '뿌리줄기'로서 확장시켜야 효율이 높아진다.

Good study skills

온몸의 감각을 사용해 공부하는 사람은 공부한 것을 이야기할 때 몸도 저절로 움직인다고 한다. 이야기하면서 몸을 함께 움직여 생기 넘치는 분위기를 발산한다. 이런 공부야말로 시험을 위한 공부, 의미도 모르고 답을 적어내는 공부가 아닌 진정으로 자신의 몸에 밴 공부이다.

05 chapter

오감을 활용해 완전한 내 것 만들기

MON

TUE

WED

THU

START ▶▶

FRI

SAT

SUN

1

낭독은 지식을 받아들이는 가장 빠른 길

자신의 능력을 어떻게 끌어 올리고 극대화할 것인가? 그 숙제에 대한 답은 다음과 같다.

공부를 하기 위해서는 오감을 총동원하라!

오감이란 시각, 청각, 미각, 후각, 촉각이라는 다섯 개의 감각을 말한다. 이 외에도 비유적으로 '뭔지 모를 직감처럼 번뜩이는 감각'을 여섯번째 감각이라고 부르는 경우도 있지만 그것은 잠시 제쳐두기로 하고, 요점은 사람이 몸에 지닌 모든 감각을 이용하자는 말이다.

내가 쓴 『소리 내 읽고 싶은 일본어』라는 책의 콘셉트가 바로 거기에 있다. 같은 문장이라도 말 없이 눈으로 읽기만 해서는 뇌에 깊은 인상을 남기기가 어렵다. 더 깊게 몸 전체로 지식을 흡수하는 방법이 있다는 것을 알려주고 싶었다. 그러나 소리 내 책을 읽는다고 하면 유치원이나 초등학교 저학년 수업이 떠오르기 쉽다. 집에서 책을 펼 때도 어린아이는 대개 소리 내 읽는다. 소리 없이 읽으면 왠지 어른들의 독서법 같은 느낌이 든다.

그래서 낭독이라고 하면 약간 유치한 이미지를 가질지도 모르겠지만 소리 내 읽는 방법은 좋은 것을 흡수하기 위한 가장 빠른 길이다. 눈을 사용하는 것은 물론이고 소리를 냄으로써 귀도 사용된다. 발음하기 위해 목과 가슴을 진동시킨다. 그러면 자연스럽게 몸의 구석구석까지 움직이고 깨닫게 된다. 낭독이라고 단순히 입만 움직이는 것이 아니다.

냄새도 느껴진다. '냄새로 어떻게 학문을 하는가?'라고 물을지도 모르지만 모든 책에서는 각기 다른 냄새가 난다. 단행본과 문고본, 혹은 잡지 등 모든 책은 각기 다른 냄새를 지녔다. 특히 사진이 많은 잡지 같은 경우에는 그 독특한 냄새가 독자의 코를 강하게 자극한다. 그래서 종종 자신이 예전에 애독하던 잡지에 대해 이야기할 때면 '페이지를 펼쳤을 때 나는 냄새로 인해 옛 기억이 퍼뜩 되살아났다'거나 '그 냄새가 그립다'고 말하는 사람도 적지 않다. 기억과 냄새는 깊은 관련이 있다.

고서古書의 냄새도 사람의 감각을 휘감는다. 나는 우치다 햣켄內田百閒의 에세이를 좋아해서 출판사인 오분샤旺文社에서 나온 문고판을 애독하고는 했는데, 그 책은 출판한 지 아주 오래된 것이었다. 내 손에 들어왔을 때는 이미 시대를 느끼게 하는 냄새가 제법 났다. 읽어보니 옛날식 표기법을 따르고 있어서 더 낡은 듯 여겨져서, 현대식 표기법에 익숙한 나는 읽기 어려웠다. 하지만 페이지를 펼친 순간 피어오르던 '시대의 냄새'에 이끌려 마치 우치다 핫켄이 살던 시대로 인도되는 듯한 느낌을 받았다.

냄새를 포함한 책 전체의 분위기를 통해 작가가 살던 시대의 공기 같은 것을 느끼게 되면 우치다 핫켄의 세계로 한층 더 쉽게 들어갈 태세가 갖추어진다. 그 결과 좀 더 흡수하고 싶다는 마음이 생기고 이 책을 공부하겠다는 의욕이 솟는다.

2

영어는 못해도 프랑스어는 잘하는 불가사의

공부하고 싶고 내 것으로 만들고 싶은 대상 속으로 얼마나 깊이 파고들었는지, 그 세계로 얼마나 깊이 빠져들었는지에 따라 학습 능력에도 차이가 생긴다. 반대로 그 세계 속으로 들어가지 못하면 공부에 아무리 애를 써도 열중하지 못하고 배우기 위한 노력은 괴롭기만 할 것이다. 하지만 그 세계로 몰입하는 순간 갑자기 즐거워지는 경험을 하게 된다.

따라서 공부란 '꼭 하고 말 거야'라고 겉으로만 노력한다고 되는 것이 아니다. 우선 도움닫기가 필요하다. 소리도 좋고 냄새도 좋다. 오감을 총동원해 내가 원하는 세계에 익숙해지는 과정이 있어야 효과적이다.

그런 점에서 법률은 가장 무미건조하고 재미없는 공부라고 인식된다. 아마 대부분의 사람들은 그런 인상일 것이다. 말하자면 한겨울 수영과도 같아서 좋아하는 사람은 기꺼이 하겠지만 보통 사람들은 딱 질색하며 경원시하기 십상인 세계다. 사실 대학에서 법학부에 소속되었던 나조차도 법률은 재미없는 학문이라는 생각을 은연중에 가지고 있었다.

그런데 언젠가 우연히 재미있는 형법책을 발견해서 동기생과 이런 저런 대화를 나누며 읽다가, 문득 나도 모르게 법률의 세계로 깊이 빠져들었다. 몸에서부터 익숙해진 느낌이었다. 아마 조용히 책만 읽었더라면 그렇게 되기가 쉽지 않았을 것이다. 몸이 형법에 익숙해지기 시작하면 재미도 생기고 지식을 터득하는 작업이 힘들지 않게 된다.

외국어를 배울 때도 마찬가지다. 나는 지금 대학교수로 독일문학과, 영문학과, 프랑스문학과 등에 소속된 학생들을 가르치는데, 전공에 따라 학생들의 사고방식이 미묘하게 다르다.

'영어는 싫어하지만 프랑스어는 아주 좋아한다'는 학생이 있었다. 얼핏 생각하기에 뭔가 이상했다. '영어를 할 줄 알아야 프랑스어도 잘하는 게 아닌가?'라는 생각이 들었다. 그러나 사람마다 각기 다른 듯했다. 실제로 그 여학생은 영어는 잘 못하나 프랑스어는 아주 잘했다. 공부도 열심히 하고 파리에서 살았던 적이 있어서 프랑스어로 대화를 나눌 만큼 뛰어난 어학 실력이었다.

어째서 그런 앞뒤가 맞지 않는 일이 생기는지는 잘 모르겠지만 중요한 것은 그 여학생이 프랑스어를 좋아한다는 사실이다. '프랑스어의 음감이 좋았어요. 그래서 프랑스어를 공부하게 되었어요'라고 말했다. 내 식으로 표현하자면 그 여학생의 '몸'이 프랑스어라는 세계와 만난 것이다.

그런 연유로 오감을 사용하는 일은 매우 중요하다. 오감을 총동원하는 단계로 넘어가면 흡수력이 높아진다. 반대로 몸에 맞지 않으면 오감도 작동하지 않는다. 악순환의 연속이다. '앞으로는 외국어가 대세'라고 아무리 대의명분을 내세워 봤자 힘겨운 노력이 계속될 뿐이다.

3

몸의 반응을 센서 삼아 특기 분야를 찾아라

나는 지금까지 저서와 강의를 통해 책을 소리 내 읽기를 권했지만 그렇다고 무엇이든 다 소리 내 읽으라는 뜻은 아니다. 자신이 선택한 문장은 즐겁게 소리 내 읽는 것이 가능하겠지만, 취향이란 사람마다 크게 달라서 자신에게 맞지 않는 것들만 모여 있다면 소리 내 읽고 싶은 마음이 들지 않을 것이다. 몸에 맞지 않는 것을 피하고 싶어 하는 것은 자연스러운 반응이다. 뒤집어 생각하면 몸의 반응을 센서 삼아 자신을 파악할 수 있다. '어떤 일을 할 때 나는 몸부터 익숙해지는가?'라는 질문을 던지고 오감을 움직여 이를 찾고 발견해 내야 한다.

실제로 나는 이것을 학창 시절에 실천했다. 법학부에 다녔다는 이야기는 앞에서도 했지만, 당시 나는 오로지 공부에만 전념해 사법시험도 치렀다. 그러던 중 '아무래도 나는 법률의 세계와는 맞지 않는다'고 생각하고 진로를 변경했다. 적성에 맞고 맞지 않고는 머리의 좋고 나쁨과는 관계가 없다. 이론적으로 법률적인 사고가 내 적성과 맞지 않는다는 생각은 들지 않았다. 하지만 법정과 그 주변을 감도는 독특한 분위기에는 도저히 익숙해지지 못할 것임을 감지했다.

좀 더 자유롭고 쓸데없는 말을 하거나 농담을 해도 괜찮으며 마음대로 이야기해도 되는 세계에 살고 싶었다. 실무보다는 사상 형성이나 교육이 나와 맞았다. 이미 벌어진 사건을 처리하는 것보다 긍정적인 마음으로 미래를 준비하는 편이 나와 더 어울렸다. 이렇게 오감에 질문한 결과 내 몸이 익숙한 길로 진로를 바꾸게 된 것이다.

물론 오감이니까 시각은 물론이고 촉각과 미각 등 사용 가능한 감각은 총동원하고자 한다. 아마 미쓰보시 레스토랑 같은 고급 식당에서 식사를 하는 상황이 생긴다면, 원하지 않아도 오감이 자극을 받아 총동원될 것이다. 맛이나 향은 말할 것도 없거니와 식기나 식당 내의 인테리어, 의자에 앉았을 때의 편안함부터 종업원의 서비스, 흐르는 음악에 이르기까지 시각, 촉각, 청각에 와닿는 모든 것이 평가의 대상이 된다. 굳이 고급 레스토랑을 예로 들지 않아도 평범한 식당에 갈 때에도 우리는 항상 이 같은 작업을 한다. 공부도 마찬가지 아니겠는가? 소리 내 읽기 이외에도 다른 감각도 널리 활용한다면 보다 좋은 성과를 기대할 수 있을 것이다.

제안하고 싶은 것은 그림을 활용하는 것이다. 나라고 해서 문장을 읽을 때마다 낭독을 하는 것은 아니다. 언제 어디서나 할 수 있는 것도 아니라서 문장을 낭독하는 대신 그림으로 시각화하는 경우가 종종 있다. 그런 다음 내가 그린 그림을 보면서 혼자 중얼거린다. 그러면 그림이 다시 원래의 문장이 된다. 문장에서 그림으로 바뀌고 다시 문장으로 되돌아가는 것이다. 무척 간략하게 설명했지만 이 방법을 활용하면 오감을 정말 잘 활용하고 있다는 느낌을 받을 수 있다. 이때 그림을 꼭 잘 그릴 필요는 없다. 문장의 내용이 드러날 정도로 간략하게만 해도 성공이다.

4

요점을 시각화해서 머리에 집어넣기

문장을 그림으로 변환시키는 방법을 쓰기 시작한 것은 사회 과목 시험공부와 대학에서 법학을 공부하던 무렵이었다. 그 전에는 교과서와 참고서를 읽을 때면, 항목별로 내용을 빈틈없이 정리해 노트에 적는 고전적인 공부법을 사용했다. 그런데 이 방법이 전혀 효과가 없었다. 수고와 시간을 들여 요약하면 할수록 오히려 오감으로 받아들이는 부분이 줄어들었다.

물론 노트를 만드는 일이 아무 소용없다는 뜻은 아니다. 하지만 '지금 하는 방법으로는 아무리 열심히 해도 두뇌 단련이 되지 않겠다'고 판단한 후 더 이상 요약을 하지 않았다. 대신 생각해 낸 것이 적혀 있는 내용을 그림으로 그려 노트에 정리하는 방법이었다.

이것은 비즈니스맨이 하는 프레젠테이션이나 보고서와 공통된 부분이 있다. 비즈니스 세계에서는 장황하게 긴 문장이나 에두른 설명을 싫어한다. '시간은 금'인 세계에서는 즉각 아는 표현법이 필요하다. 그 중 하나가 '시각화'이다. 특히 그림이나 그래프를 많이 사용한다. 컴퓨터의 문서 작성 프로그램에는 그래프나 그림을 간단히 작성하는 기능이 빠짐 없이 들어 있다. 그만큼 무언가를 이해하는 데는 시각이 커다란 작용을 한다는 뜻이다.

가계도는 그 좋은 예이다. '누가 내 숙부의 사촌이며, 그 증조모 되시는 분의 그 아버지의……'라는 문장은 읽기만 해도 머리가 지끈거린다. 하지만 그림으로 나타내면 짧은 시간에 쉽게 이해가 된다. 이해하고 나면 기억에도 확실하게 남는다.

문자나 말은 머리에 떠오르는 개념과 이미지를 전달하기 위한 수단이며 '매체가 곧 미디어'이다. 이미지나 개념 그 자체가 아니다. 적혀 있는 문장을 통해 내용을 이해하려면 상당한 수고가 든다.

△을 예로 들어보자. 이 모양을 설명할 때 '도형'이나 '삼각형'이라는 단어를 사용 금지시키면 몹시 번거로운 일이 발생한다. '아랫변의 양 끝에서 뻗은 변이 교차해 만난 세 정점을 가진 형태'라는 등의 말을 나열해야 한다. 몹시 번거롭고 뜻을 전하기도 어렵다. 그러나 △이라는 그림으로 그리면 일목요연하다. 금방 전달된다. 물론 삼각형이라는 단어도 나쁘지는 않지만 아무래도 그림이 더 직접적이라서 알기 쉽다. 단어와 이미지의 관계는 다음의 그림과 같다.

이에 반해 그림으로 나타내면 다음과 같다.

❷ 

②는 ①처럼 변환해야 하는 수고를 들이지 않고 곧바로 이미지가 전달된다. 이처럼 그림을 잘 사용하면 매우 효율적이다.

하지만 그림으로 변환시키려면 문장의 내용을 제대로 깊이 이해해야 한다. 머릿속에서 전체적인 틀을 일단 따로따로 해체해 새롭게 재구축해야 하며, 처음부터 시각화를 의식하고 있어야 함은 물론이다.

이렇게 개인적으로 고안해 낸 공부법의 결과는 뜻밖에도 최상이었고, 나는 이 공부법이 이해도를 향상시켜 준다는 점에 확신을 갖게 되었다. 그래서 동기들에게 내가 그린 그림을 보여주었다. 당연히 그들은 그림만으로는 아무것도 알지 못했다. 내용을 이해하는 사람은 나뿐이었다. 나는 그 내용을 이미 완전히 내 것으로 만들었기에 이해하는 것이다. 같은 그림인데도 보자마자 바로 아는 사람이 있는가 하면 아무리 봐도 모르는 사람도 있다는 것은 거기에 이미 차이가 형성되었다는 뜻이다. 그림을 보여준 후 나는 동기들에게 자체적으로 만들어낸 새로운 공부법을 설명했다. 그러자 그들도 나를 따라 그림을 병용하는 방법을 이용했고 이해력이 향상되었으며 공부의 효율도 높아졌다. 시각화를 통한 공부법의 효능은 이렇게 입증되었다.

5

자신이 쓴 문장을 관대하게 보지 마라

이와 같이 오감을 최대한 활용해 그림을 그리며 설명하고 토론하는 방식을 익혀나가는 것은 이미 공부한 내용을 복습하는 것과 마찬가지다. 만일 공부는 굉장히 열심히 했는데도 제대로 활용하지 못하거나 내 것으로 만들지 못하는 사람이 있다면 이 방법을 시도해 보기를 바란다.

공부란 모든 육체를 써서 사고하는 것이라고 생각한다. 그래서 직접적으로는 두뇌와 관련된 문제지만 진짜 공부는 역시 신체감각과 무관하지 않다고 확신한다. 이런 생각은 옛날 사람들도 했던 것 같다. 깊이 이해했을 때는 뱃속으로 '안다'라는 감각을 가졌다. 머리가 아니었다. 그래서 '가슴에 와 닿는다'를 비롯해 '속 시원히 이해하다', '제하단전배꼽 아래를 이르는 말에 새기다'와 같이 신체감각을 이용한 다양한 표현이 탄생했다. 지식으로 흡수한 것이 머리에서 아래로 점점 내려와 받아들여지는 것이다. 신체감각을 단서로 해 자신의 이해도를 분명하게 한다.

'가슴에 와 닿다'는 감각은 다양한 힌트를 제공한다. 공부를 하는 도중 곳곳에서 '이 부분이 마음에 좀 걸린다'거나 '아니 이게 어찌 된 거지?'라는 이질감 같은 것이 생겨난다. 그럴 때는 퍼뜩 몸으로 느끼는 것이 중요하다. 그럴 경우 어색하다고 느끼는 부분에 '?' 표시를 해 두자. 앞서 말한 3색 볼펜으로 하면 좋다. 대개는 뭔가 모순된 말이거나 논리가 좀 이상한 부분이 발견될 것이다. 이를 간과하지 않는다면 내용이 명쾌하게 이해되고 머리가 맑아진다.

학생들의 답안을 채점해 보면 이런 상황을 좀 더 구체적으로 실감하게 된다. 영어, 국어의 주관식 시험지를 채점하다 보면 놀랍게도 무슨 말을 하는 건지 의미가 전혀 맞지 않는 답안이 꽤 있다. 국어 문제인데 우리나라 말로 무엇을 써놓았는지 이해가 안 된다. 물론 0점 처리를 한다. 앞뒤 연결도 안 되고 아무리 이해하려고 애를 써도 무슨 말인지 도통 모르겠으니 도리가 없다. 영어도 마찬가지다. 문장의 구조부터 형식이 정돈되지 않은 해답이 이어졌다. '모르는 단어에 연연하느라 헷갈린 부분이 좀 있었나 보다'라고 좋게 생각했지만 점수는 0점을 주었다.

골격은 잡혀 있으나 군데군데 단어를 몰라서 빈칸이 섞인 답안은 그나마 괜찮다. 감점은 있겠지만 점수는 준다. 하지만 전체적인 뼈대가 서 있지 않고 의미 모를 말을 써놓은 문장은 점수를 주기 어렵다. 이런 답안을 적잖이 채점하다가 절실히 느낀 것이 있다.

'자신이 의미가 불분명한 문장을 쓰고 있다는 사실에 어쩌면 이리

도 둔감하단 말인가?'

학생들은 자신에게 너무나 관대하다. 그러나 선생인 나는 그런 둔한 감성이 쉽게 용서되지 않는다. 그래서 0점을 준다. 처음부터 어떻게든 의미와 조리가 선 글을 쓰겠다고 마음먹었다면 이런 답을 적었을 리가 없다. 엉망진창인 문장을 아무렇지도 않게 써서 제출한 학생에게 무엇을 쓴 것인지 나중에 질문하면 대부분 '기억나지 않습니다'라고 대답한다. 이렇게 무신경해서는 절대로 앞날의 성장을 기대하기가 어렵다. 혹시 '몰라서 그랬다'는 변명을 하는 사람도 마찬가지다. 문장을 보면 의미와 조리 있는 내용을 쓰려고 마음먹은 것인지 아닌지 훤히 알 수 있다. 이런 마음을 먹고 쓴 사람의 답안은 비록 미숙하고 서툴더라도 최소한의 형식은 갖춰져 있다.

뭔가를 이야기하거나 문장으로 쓸 때, 무엇보다 중요한 것은 의미이다. 항상 '이렇게 하면 의미가 통할까? 상대에게 전해질까?'

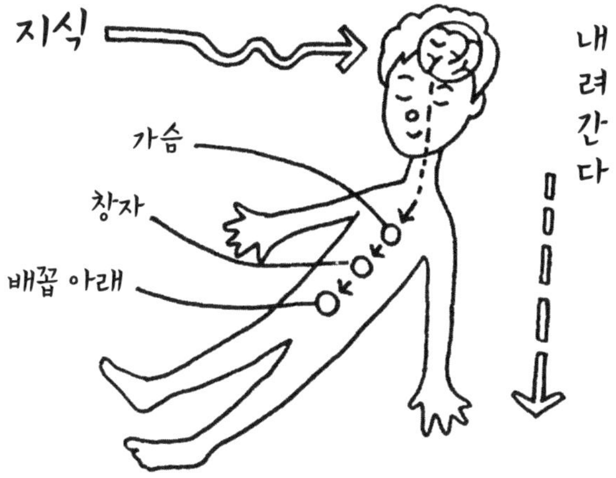

를 의식하며 체크한다면 크게 어긋나지 않을 것이다. 심한 상황까지는 번지지 않을 것이다. 이 경우 중요한 것은 그때그때 떠오르는 자신의 감정에 솔직해지는 일이다. 그렇게 하면 평소에 국어를 썼던 사람이라면 의미가 통하는지 그렇지 않은지 정도는 바로 판단한다.

6

온몸을 사용해 공부하는 방법

외국어 문장에서도 감성을 지나치게 활용하면 오류가 발생한다. 언젠가 어느 번역 문장을 읽으며 이상하다고 느껴지는 부분을 발견했던 적이 있다. "인생이란 추가가 아니라 증가다." 얼핏 들으면 의미가 통하는 듯하지만 실은 의미가 불분명하다. 인생을 논하는데 플러스를 의미하는 '추가'라는 단어를 쓴 것은 이해가 간다. 하지만 '증가'라는 의미는 이해하기 어려웠다. 추가와 증가는 무엇이 어떻게 다른가? 아무리 생각해도 의미를 모르겠기에 '어떻게 된 거야?'라며 끼어들고 싶었다.

번역에 오류가 있었던 게 아닐까 하는 의심이 들었다. 즉각 원문을 대조해 보니 짐작한 대로였다. "인생은 addition이 아니라 multiplication이다." 원문에는 이렇게 적혀 있었다. 즉, "인생은 덧셈이 아니라 곱셈이다"가 원래 의미였다. 물론 이 문장도 그 자체만으로는 다른 설명이 없으면 무슨 뜻인지 바로 와닿지 않는 부분도 있지만, 의미는 바로 통하는 성실한 문장이다.

이런 오역은 번역자가 제대로 사전만 찾아봤더라면 해결될 일이다. 아는 번역가에게도 물었더니 그도 똑같은 말을 했다.

"이상하다고 느낄 줄만 알아도 오역은 하지 않는다. 평상시라면 추가와 증가를 대비해서 사용하는 순간 이상하다고 느껴지는 게 정상이다. 그런 감각이 없는 사람이 번역을 하는 것은 문제가 있다."

물론 누구나 오류를 범한다. 하지만 그 오류에 도달하는 방법이 문제다. 어쨌든 우선 이상하다고 알아차리는 감각을 가져야 한다. 그런 감각이 있다면 나중에 사전을 펴고 확인할 것이다. 제대로 검토만 한다면 실수는 줄일 수 있다. 가장 무서운 것은 의문을 갖지 않거나 가질 줄 모른다는 점이다.

이러한 신체감각은 캐치볼과도 비교된다. 상대의 볼을 받으면 '오늘은 공이 빠르다'거나 '이번 공은 날카로웠다'라고 손바닥을 통해 느껴진다. 그런 감각이 중요하다. 요리를 먹을 때도 무엇이든 느끼게 된다. '오늘 밥은 부드럽게 잘 지어졌구나' 혹은 '음식에 소금이 너무 많이 들어갔다'는 등 어떤 것이든 신체감각이 작동해 알게 된다. 그것이 '신체사고'이자 온몸의 감각이다.

따라서 몸 자체도 반응한다. 온몸의 감각을 사용해 공부하는 사람은 공부한 것을 이야기할 때 몸도 저절로 움직인다고 한다. 이야기하면서 몸을 함께 움직여 생기 넘치는 분위기를 발산한다. 이런 공부야말로 시험을 위한 공부, 의미도 모르고 답을 적어내는 공부가 아닌 진정으로 자신의 몸에 밴 공부이다.

7

누군가에게 가르칠 것을 생각하고 공부하라

일본식 만담인 라쿠고落語의 세계에서는 최고 연기자인 신우치真打로 등극해 예술이나 연령, 지위 등이 일정 부분에 도달하게 되면 제자를 받아들여 후진을 양성하는 관습이 있다. 하지만 제아무리 신우치라 해도 너무 젊으면 제자를 받지 않는다. 모든 일에는 적절한 때가 있기 때문이다.

어느 만담가가 일찌이 실력을 인정받아 스승에게서 제자를 맞이하라는 권유를 받았다. "아직 저는 그럴 입장이 아닙니다"라고 거절하자 스승이 말했다.

"남을 가르치면 자신에게도 공부가 되느니라. 그러니 가르치도록 해라."

스승의 말이 옳다고 여긴 그는 제자를 받아들이기로 했다.

남을 가르치는 일이 자신에게 공부가 되는 것은 만담만이 아니다. 일상생활에서도 통용되는 일이다. 습득한 지식을 다른 사람에게 이야기하면 기억이 더 명확해진다. 기억은 반복될수록 보강되기 때문이다. 기억을 잘하는 사람은 말을 잘한다. 다만 때와 장소를 적절히 가리지 못하면 잘난 척하는 듯해 남에게 불쾌감을 주게 되니 도를 넘지 말아야 한다.

무엇보다도 남에게 말을 하거나 전달하는 것을 전제로 한다면 지식을 입력할 때부터 출력을 염두에 두고 정확한 공부를 하려고 신경을 기울이게 된다. 애매한 지식이나 적당한 이해로는 횡설수설하게 되므로 책 한 권을 읽더라도 그 진지함이 사뭇 다르다. '세미나 강사라도 해볼까? 한번 가르쳐보지 뭐'라는 마음으로 공부한다면 더할 나위 없이 좋다. 평소처럼 그저 '시험이니까 외워야지'라는 수동적인 공부와는 분명 큰 차이가 있다.

예컨대 '1492년 콜럼버스가 아메리카 대륙을 발견했다'는 내용을 암기만 하는 것은 수동적인 공부법이다. 전달하고 가르쳐주고 싶은 마음이 있다면 어떤 배로 항해했는지, 콜럼버스는 어떤 인물이었는지, 당시 세계정세는 어떠했는지 등을 폭넓게 입력하고 싶어진다. 종합적인 고찰에까지 흥미를 갖게 된다. 전달하고자 하는 의식이 입력의 양과 질을 크게 바꾼다. 그렇게 보면 두 가지 유형으로 나눠진다.

1. 강사가 될 만한 사람

2. 학생에 머무르는 사람

강사 타입이란 지식을 입력할 때부터 가르칠 것을 생각하는 사람이다.

자칫 잘못하면 편협한 마니아로 빠질 소지도 있고 개중에는 '약간 이상한 사람'이 섞일 경우도 있으나 이는 애교로 넘어가자. 아무튼 '남에게 전달하고 가르치고 싶다'는 생각을 하면 처음부터 확실하게 듣고 읽고 흡수하게 된다. 학생에 머무르는 사람과 비교하면 입력의 양과 질에 차이가 생길 것이다. 물론 우리는 강사 타입이 되어야 한다.

Good study skills

창작 과정을 한번이라도 접해 보고 나면 어떤 것이든 감상 방법과 이해가 훨씬 깊어질 것이다. 영화의 본편이나 문학작품의 포괄적인 배경이 궁금해지고, 작품에 더 깊이 몰입하게 될 것이며 팬이 될 것이다.

06 chapter

다각적인 관점으로 문제 바라보기

MON

TUE

WED

THU

START ▶▶

FRI

SAT

SUN

1

드라마 메이킹 필름에서 배워라

지금까지 공부의 의의와 방법에 대해 이야기했다면 이제 '공부를 왜 하는가? 그 원동력은 과연 무엇인가?'에 대해 알아볼 시간이다. 사람은 공부를 왜 하는 것일까? 일단 좋은 학교나 회사에 들어가서 자신을 업그레이드하는 데 필요하기 때문일 것이다. 이 외에도 공부를 하는 이유는 사람이나 상황에 따라 가지각색이다. 하지만 모두들 공부를 하고 싶어서 한다기보다 필요하기 때문에 한다. 그런 이유로 대부분의 경우 필요한 만큼의 공부를 다했거나 혹은 그 필요성이 사라지면 흔쾌히 그만둔다.

그럼에도 평생 공부를 계속하는 사람도 있다. 이 경우에는 공부를 하고 싶어서 하는 것이다. 그 원동력과 의욕은 어디서 나오는 것일까? 나는 '감동'에 답이 있다고 생각한다. 감동하기 시작하면 공부가 꾸준히 이어진다. 의욕이 계속 생겨난다. 그렇다면 감동은 어디서 얻을까? 나는 사람과의 만남을 통해 얻는다고 생각한다.

예컨대 아인슈타인의 전기를 읽고 대단하다고 감동했다면 '나도 아인슈타인처럼 과학의 길을 걷고 싶다. 공부하고 싶다'는 마음이 생긴다. 당연히 공부는 오랫동안 이어진다.

이때 학문 그 자체에 감동하는 부분이 클 것이다. 그와 더불어 학문의 성과를 획득할 때까지의 과정에서 접하는 것들이 한층 더 깊은 감동을 준다고 생각한다.

나는 제작 과정을 보는 것을 좋아해서 영화 등의 메이킹 필름을 자주 보는 편이다. 이런 비디오는 최근 영화 DVD를 사면 덤으로 붙는 경우가 많다. 이것을 보면 무대 뒤에서 사실은 이러한 연구를 했구나, 이 장면이 이런 고생 끝에 촬영된 것이구나, 촬영장의 분위기는 이렇구나, 여러 사람이 공들여 만든 무대였구나 하는 영화 제작의 어려움에 대해 알게 된다. 드라마의 뒷이야기야말로 한 편의 드라마라는 느낌이 든다.

얼마 전에도 형사물 TV 드라마의 홍보용으로 메이킹 필름이 방송되었다. 이 드라마는 실존하는 유명한 형사가 주인공으로 나오는 아주 잘 만들어진 역작이다. 메이킹 필름을 보면 어떤 장면의 컷은 몇 번이나 재촬영되기도 했다. 그러나 본편에서는 눈 깜짝할 새에 지나가는 짧은 컷이었다. 신문기자 역의 젊은 남자 배우가 집 밖에 서 있고 그곳으로 카메라가 다가가는 부분을 몇 번이나 다시 찍었다. 오랜 시간 동안 정성과 노력을 많이 들여 촬영한 것이다.

그 후로 나는 텔레비전이나 영화에서 작품의 한 컷 한 컷을 주의 깊게 살펴보게 되었다. 이전에는 텔레비전 드라마에 대해 그런 마음을 가져본 적이 없었다. 그러나 이제는 방영하면 고마움마저 느낀다. 방송국을 출입하면서부터는 그 마음이 더해졌다. 드라마 제작을 어깨너머로 살짝 구경만 했을 뿐인데도, 그들이 얼마나 고생해서 드라마를 만드는지 알게 되었다. '방송국은 이렇게 힘든 과정을 거쳐 프로그램을 만드는구나'라는 생각에 머리가 절로 숙여진다.

드라마 제작 과정을 보면 20초밖에 안 되는 짧은 장면을 촬영하기 위해 반나절을 훌쩍 넘기는 경우가 예사다. 그런 식으로 30분 혹은 한 시간짜리 드라마를 만든다니 얼마나 어마어마한 시간과 수고가 드는지 짐작이 간다. 시대 배경 하나만 봐도 대본에 '1955년'이라고 쓰는 것은 간단하다. 하지만 그것을 거리 세트나 자동차, 복장 등으로 영상화하기 위해서는 엄청난 노력과 연구가 필요하다. 관계자의 말을 들어보면 오히려 어중간하게 가까운 시대가 재현하기에 더 어렵다고 한다. 많은 사람들이 당시를 실제로 잘 알고 있어서 상당히 신경을 쓴다고 한다. 배우나 스태프도 힘들기는 마찬가지다. 효율적으로 촬영하려는 그들의 고생은 엄청나다. 오랜 시간 촬영장에 묶이고 기다리는 시간도 몹시 길다. 마치 합숙이라도 하는 것처럼 갇혀 지내는 생활이 계속된다.

시청하는 입장에서는 이런 사정들까지 속속들이 알지 못한다. 그저 방영되는 드라마를 별 생각 없이 보고 연기가 엉망이라는 등 느끼는 대로 말하면 그만이다. 하지만 한번이라도 현장의 메이킹 필름을 본다면 분명 놀라고 감동받을 것이다. '그런 세계가 있다니 말도 안 된다'라며 남의 일처럼 말하는 사람도 있지만 '내 삶의 보람을 여기에서 찾겠다'라고 감동하는 사람도 틀림없이 있을 것이다. 그 사람은 이 부분에 관심을 갖고 평생 공부해 나갈 것이다. 이처럼 실체에 대해 어느 정도까지 이해했느냐 하는 것은 하나의 분야를 알기 위한 최소한의 노력이다.

2

과정을 아는 것이 진짜 이해다

문학의 세계도 마찬가지다. 『금각사』와 『가면의 고백』 등으로 잘 알려진 소설가 미시마 유키오는 수많은 자신의 작품마다 창작 노트를 남겼다. 이른바 문학판 메이킹 필름이다. 그것들을 읽어보면 최초 구상에서부터 스토리를 몇 번씩 다듬어 최종 형태로 정리해가기까지의 시행착오와 고군분투가 생생하게 느껴진다. 단어 하나에서 등장인물의 대사에 대한 고민까지 창작상의 이런 저런 배경이 환히 보인다.

그 과정을 읽고 나면 원하지 않아도 작품을 보는 눈이 변할 수밖에 없다. 자기의 능력 수준을 높이고 싶다면 완성된 작품을 건성으로 읽지 말고 배경과 과정까지 깊이 파고들면 훨씬 효과적이다. 그러다 보면 다른 관점에서 사물을 보는 능력도 커나간다.

사물을 다각적인 관점으로 본다는 것은 단순히 하나의 관점만 보는 '단편적인 시각'이 아니고 고도의 능력을 가졌다는 말이다. 다시 말하면 더 많은 재미를 느끼게 되므로 그것은 의욕의 원천으로 이어진다.

물론 영화의 메이킹 필름이나 문학의 창작 노트를 하나에서 열까지 세세하게 볼 필요는 없다. 하지만 창작 과정을 한번이라도 접해 보고 나면 어떤 것이든 감상 방법과 이해가 훨씬 깊어질 것이다. 영화의 본편이나 문학작품의 포괄적인 배경이 궁금해지고, 작품에 더 깊이 몰입하게 될 것이며 팬이 될 것이다. 그 후에도 영향을 받는 것은 계속된다. 아인슈타인의 팬이 된 사람은 물리학을 목표로 돌진하게 될 가능성이 있고, 무라카미 하루키에게 반한 사람은 문학에 뜻을 두게 될 가능성도 있다. 이를 테면 자발적인 공부가 시작된다.

역사적인 사례를 예로 들자면 일찍이 그런 식으로 사람을 끌어당기는 특별한 힘을 가졌던 사람이 바로 칼 마르크스이다. 조금 오래된 이야기지만 한때 대학생들은 『자본론』을 필독서로 생각했다. 그만큼 사람들은 마르크스가 고안하고 구축한 장대한 이론을 신앙처럼 여겼다. 당사자인 마르크스 본인은 "종교는 아편마약의 일종이다"라고 말하며 종교를 부정(그래서 마르크스주의를 신봉한 예전의 공산주의 국가에서는 종교를 탄압하기도 했다)했음에도 마르크스주의 그 자체가 종교처럼 되어버렸다.

『인간실격』의 작가 다자이 오사무는 이 때문에 괴로워했다. 마르크스 사상에서 인류의 미래를 찾고자 하는 분위기가 강했던 당시에 마르크스주의를 수용한 적도 있었지만 결국은 마음을 바꿨고 이는 비난의 이유가 되었다.

"마르크스주의를 받아들이지 못한다면 더 이상 인간이라고 말하기 어렵다."

사람들에게 이런 말을 들으며 그는 죄책감에 떨어야 했다.

사실 다자이는 괴로워할 필요가 없었다. 냉정하게 돌이켜보면 지금은 누구나 다 아는 사실이지만, 마르크스가 말한 내용은 전부 이상한 것들은 아니었지만 현실에 바로 적용하기에는 문제점이 많았다. 마르크스주의는 결국 소비에트라는 장대한 실험을 통과하는 과정에서 국가 이론으로서는 실패작으로 막을 내렸다. 사상에 커다란 결함이 있었던 것이다.

이 같은 사실을 아는 것만으로도 단순히 남이 권해서 책을 읽었을 때와는 흥미와 관심이 달라진다.

요즘은 대학생들 중에도『자본론』의 개요조차 모르는 사람이 많다. 과거에 출간된 문고판을 가만히 건넨다면 그 진부한 느낌의 표지를 보는 것만으로도 이 책을 읽고 싶은 마음이 싹 사라질 것이다. 읽을

것이라고 기대하기 어렵다.

하지만 마르크스가 이 이론을 제창하게 된 과정을 알게 된다면 적어도 처음 몇 페이지 정도는 일부러라도 훑어볼지도 모른다. 좀 더 다양하고 상세한 작업 과정을 접했을 경우 다각적인 관점에서의 지식이 배경이 되어 읽고 싶어질 것이다.

3
지의 미궁으로 어서오세요

자서전이나 해설서도 메이킹 노트의 일종이다. 이 또한 활용하면 득이 된다. 인생과 업적을 한데 잘 아울러 쓴 점이 재미있다. 칼 구스타프 융의 심리학을 공부하고 싶다면 처음부터 어려운 책에 도전하지 말고 우선 그의 자서전부터 읽어보라. 자서전에는 그가 어떤 인생을 살았고 어떻게 업적을 이루었는지는 물론이고 어린 시절부터 체험한 어마어마한 양의 꿈과 환상에 관한 이야기가 생생하게 소개돼 있다. 지하의 대왕이 등장하는 무서운 에피소드 등 매우 흥미로운 이야기도 가득하다.

그런 전기를 읽노라면 누구라도 그가 개척한 심리학이라는 거대한 밀림에 발을 들여놓고 싶어질 것이다. 자서전을 통해 얻은 다방면의 지식은 여러모로 도움이 되며, 저서를 접할 때도 마음가짐이나 흥미 등의 작용 방식이 전혀 달라진다.

계몽가이자 교육자인 후쿠자와 유키치를 공부하면서 나도 가장 먼저 그의 전기를 읽었다. 그 유명한 『후쿠 옹 자전』이다. 이 책을 읽고

난 후로는 후쿠자와가 쓴 다른 저서들이 다 재미있었다. 메이지 정부의 고급관리인 가쓰 가이슈에 관해서도 그의 자전적인 이야기가 포함된 『히카와 세이와氷川清話』라는 책을 읽었다. 덕분에 그의 다른 책을 손에 들었을 때 내용이 수월하게 머리에 들어왔다. 그 밖에도 세균학의 아버지라고 불리는 '기타사토 시바사부로'나 정치가 겸 외교관인 '무쓰 무네미쓰'를 알기 위해 『기타사토 시바사부로』, 『무쓰 무네미쓰』 등의 전기를 읽었다. '아, 그렇구나. 이런 사람이었구나'라는 감동이 솟구쳐 올라 자연스럽게 그의 주변에 관해서도 흥미를 갖게 되었다. 두 권 다 문고판이어서 구하기도 쉽다.

정치가 다카하시 고래키요의 자서전은 유명하다. 그는 '달마대사' 또는 '달마 재정장관'이라고 불리며 국민들로부터 폭넓은 존경을 받은 인물로 격동의 삶을 살다 간 사람이다. 국가에 목숨을 바친 인물이라는 인상이 강하다. 그의 인생 드라마는 파란만장했다. 13세의 어린 나이에 해외 유학을 나선 것까지는 좋았는데, 속아서 농원에 노예로 팔려갔다가 그다음 해에 가까스로 귀국한다.

이후 출세 가도를 달리며 마침내 수상 자리에까지 올랐지만 그 이후가 다시 고난의 연속이었다. 재정장관으로서 높은 평가를 받은 다카하시에게 시국이 어려워질수록 국민들은 더 많은 기대를 했고, 그 결과 여러 차례 재정장관에 재임명되었다. 또한 수상 자리에도 두세 차례 연속해서 올랐다. 시국이 어려울 때면 사람들은 그를 원했고 그는 목숨을 걸고 혼신의 힘을 다했다. 그러다 여섯번째 재정장관으로 재직하던 중 군 예산을 삭감한 데 화가 난 군부에 의해 살해를 당하고 만다. 이것이 그 유명한 2.26 사건이다.

다카하시의 진심을 헤아린다면 일어나서는 안 될 일이었다. 그의 사람됨을 알게 된 후 나는 그 시대에 대해 더 깊은 관심을 갖게 되었다.

자서전이나 전기는 타인의 감동과 인생을 추체험하게 만드는 데 큰 작용을 한다. 이 같은 '공부법'은 결코 특별하지 않다. 누구나 인물에 가까이 다가갈수록 그 주변에 흥미를 품게 된다. 싫어하는 사람은 어떻게 되든 상관없지만 사랑하는 사람에 대해서는 뭐든지 알고 싶어지는 법이다. 그 사람에게 흥미가 있고 감동했다면 공부하고자 하는 동기와 의욕이 강해진다.

4

'이해의 일탈'을 마음껏 즐겨라

결과가 아니라 과정을 통해 대상에게 몰입할 경우 공부가 더욱 즐거워진다. 설령 난해한 대상이라 해도 쉽게 이해가 된다.

구 소비에트 시절, 유난히 어려운 영화를 만드는 것으로 유명했던 감독이 있다. 안드레이 타르코프스키이다. 대표작인 〈솔라리스〉, 〈노스탤지어〉 등이 세계적으로 잘 알려져 있다. 이 작품들은 모두 수준 높은 명작이지만 내용이 어렵다. 가장 유명한 〈솔라리스〉는 일단 SF 영화로 분류되지만 〈스타워즈〉처럼 쉽지 않다. 나는 처음 그 영화를 접했을 때 뭐가 뭔지 이해하기 어려웠다. 전혀 모르겠는 건 아니었지만 상당히 난해했다. 어떻게 이해해야 할지 당황스러웠다.

그러나 지금 생각해 보면 그것은 다만 타르코프스키의 작품 감상법을 몰랐기에 생긴 일이었다. 그가 남긴 기록인 『타르코프스키 일기』를 읽은 후에 비로소 그의 작품 세계를 이해할 수 있었다. 이 책은 지금의 러시아, 당시의 구 소비에트에서 정부의 압박을 받던 예술가의 고뇌와 고투로 점철된 내용이다. 당시 소비에트에서는 '예술도 인민을 위한 것이어야 한다'는 취지 아래 무조건 대중이 알기 쉬운 작품, 국위를 선양하는 위풍당당한 작풍을 요구했다. 반대로 어렵거나 지나치게 순수예술적인 작품은 배제되었다.

그 좋은 예가 회화이다. 실재 보이는 형상을 그리는 작품, 이른바 구상화를 권장했고 피카소의 그림처럼 추상화는 비난을 받았다. 당시 최고 권력자였던 니키타 후르시초프가 추상화를 보며 "당나귀 꼬리털로 그린 것 같다"고 혹평한 일화는 유명하다. 이처럼 국가의 눈 밖에 났다가는 갖은 고난과 역경을 각오해야 했다. 작품을 만드는 예산이 삭감되거나 아예 제작 기회조차 박탈당했다. 극단적인 경우에는 신변의 안전까지도 위협을 받았다.

결국 난해하고 국위선양도 되지 않는 작품을 만들던 타르코프스키는 검열 등을 통해 심한 간섭을 받아야 했고 제작 예산도 깎였다. 하지만 필사적으로 영화를 만들었고 일기에 자신의 괴로움과 번민을 기록했다.

그는 자신의 작품에 대해 다음과 같은 의미 있는 말을 썼다.

> (……) 내 작품이 어렵다고들 하는데 그렇다면 문학에서 시는 어떠한가? 시는 산문보다 어려운 부분이다. 단어가 갑자기 비약하거나 생략되는 등 보통의 방법으로는 읽기 어려운 경우가 많다.
>
> 하지만 의미를 전부 다 이해하지 못해도 독자들은 너그럽게 용서하지 않는가?

유려한 단어들이 계속 나열되다가 불쑥 예상하지 못한 단어를 맞닥뜨리게 되는 점이 시의 매력이다. 설령 단어의 의미가 바로 연결되지 않는 부분이 있다 해도 그 일탈을 즐기고, 바로 그 때문에 멋진 예술이 된다며 너그럽게 봐주지 않는가?

그 현상이 왜 영화에서는 허용되지 않는단 말인가? 나는 영화로 시를 짓는 것이다.

이처럼 시와 산문의 비교를 통해 타르코프스키는 영화의 이해를 위한 힌트를 제시했다.

5

때로는 시를 감상하듯 텍스트를 느껴라

시와 상반되는 성격을 지닌 산문은 분명 누구나 쉽게 이해하는 장르이다. 원래가 커뮤니케이션의 한 수단으로서 태어난 것이기 때문이다. 그런 까닭에 영상도 산문적으로 만들면 누구나 쉽게 이해한다. 예를 들면 액션물이나 형사물 TV 드라마 등이 그것이다. 산문식이라고 해서 비약이나 생략 등의 시적인 방법과 전혀 무관한 것은 아니지만, 기본적으로 적당한 선에서 얼마든지 이해가 가능하다. 그래서 사람들은 이런 산문적 성격의 콘텐츠들을 일하다 잠시 쉬는 동안이나 화장실에서 틈나는 대로 즐긴다.

텔레비전만이 아니라 영화도 마찬가지이다. 극단적으로 말하면 보통의 작품은 이야기 줄거리만 따라가면 된다. 타르코프스키의 영화는 고도로 복잡한 영상으로 이루어진 장편의 시다. 다른 영화와 달리 영상이나 플롯, 줄거리도 알기 쉽지 않다. 이런 작품의 장점을 제대로 맛보기 위해서는 산문과는 다른 감상법이 필요하다. 만일 형사물이나 액션물을 대하는 마음으로 영화관에 가서 이야기의 줄거리를 쫓아가려 한다면 어림도 없다. 몹시 놀라서 '대체 이게 뭐야?'라는 말이 절로 나온다.

도쿄 히비야日比谷의 한 영화관에서 〈노스탤지어〉를 보다 작은 사건을 접한 적이 있다. 영화가 끝난 직후 뒷좌석에 앉았던 중년 남성이 갑자기 소리를 질렀다.

"내가 다 말하고 다닐 거야, 다!"

순간 나는 '머리가 이상한 사람인가' 하고 생각했다. 남자는 계속 소리쳤다.

"틀림없어. 이 영화를 만든 자식은 분명 머리가 이상한 놈이야!"

변두리도 아니고 도심 한복판 히비야의 번듯한 영화관에서 이런 일을 겪으리라고는 꿈에도 상상하지 못했다. 처음 있는 일이었다. 하지만 곧바로 나는 '참 솔직한 사람이구나'라고 생각했다. 모르는 것을 모른다고 표현하는 남자의 자유로운 정신에 저절로 웃음이 났다. 아마 대부분의 사람들이 〈노스탤지어〉를 보며 '뭐가 뭔지 모르겠다'고 생각했을 게 뻔하다. 그 남자처럼 '모르겠다'고 소리 지르는 사람이 더 많았다 해도 전혀 이상하지 않은 상황이었다. 그럼에도 다른 사람들은 소리치지 않았다. 모두들 '이 영화는 좋은 평가를 받았다. 그 좋은 점을 이해하지 못하는 건 다 내 탓이다. 내 머리가 좋지 않아서다'라고 생각했으리라.

그러나 타르코프스키가 지적했듯이 소리 지른 남자를 포함한 많은 관객들이 시를 산문 읽는 감각으로 대했기에 그 영화를 이해하지 못했을 뿐이다.

예를 들어, 남자가 왼쪽을 향해 대화를 한다. 이어서 여자가 오른쪽을 향해 뭔가를 말한다. 그러면 관객은 두 사람이 함께 있는 영상을 보지 않아도 '남녀가 대화를 하고 있다'고 상상한다. 마주한 이미지가 만들어지기 때문이다.

다른 예를 들어보자.

① 남자가 흘끗 아래를 본다. ② 테이블 위에 놓인 총. ③ 등을 돌리고 방을 나가는 남자. ④ 총이 사라진 테이블.

이것만으로도 관객은 남자가 총을 들고 나갔다고 상상한다. 남자가 총을 실제로 가져가는 장면은 없어도 된다. 결국 컷의 구성만을 이용해 감독이 의도한 이미지를 관객들이 보게 하는 것이다. 그것이 몽타주구성, 편집이다. 이 기법은 이젠 너무나도 당연한 방식이어서 관객들은 의식조차 하지 않는다. 그러나 이 또한 어떻게 사용하느냐에 따라 매우 난해한 기술이 된다.

프란시스 포드 코폴라 감독이 만든, 비밀스러운 회춘 능력을 가진 중년의 교수가 그의 불멸성으로 인해 나치의 표적이 된다는 영화 〈유스 위드아웃 유스Youth Without Youth〉에서는 몽타주 기법을 최대한 사용해서 시간의 흐름을 복잡하게 뒤섞어 놓았다. 이 영화의 원작 소설을 읽고서 나는 '영화로 만들면 이미지가 이렇게나 재미있게 확장되는구나!'라고 감탄했다.

대신 이해하기는 좀 어렵다. 산문적이라기보다 역시 시적이다. 보고 있으면 관점이 혼란스러워져서 지금 보고 있는 장면이 언제의 어디인지 잘 모르겠다. 단순히 산문적으로 줄거리만 쫓는 습관에 빠진 관객이라면 거부감을 느낄 것이다. 만만치 않은 작품이다.

이처럼 뭔가를 배우거나 자기 것으로 만들려면 사물을 보는 관점이나 접하는 방법부터 배울 필요가 있다. 지금까지 다양한 예를 들었듯이 '작업 과정'을 단초로 삼는다면 이해의 문은 쉽게 열린다.

7

공부를 하다 울어본 적이 있는가

같은 의미에서 나는 스포츠 선수에 관한 이야기 듣는 것을 좋아한다. 운 좋게도 나는 스피드스케이트의 시미즈 히로야스 선수와 유도에서 올림픽 3연패를 달성한 노무라 타다히로 선수와 대담을 한 적이 있고, 해머던지기의 무로후시 코지 선수와도 이야기를 나눈 적이 있다.

남자 400미터 허들달리기의 다메스에 다이 선수에게서 여러 이야기를 듣고는 나도 모르게 한숨이 나온 적도 있다. 허들달리기는 언뜻 보기에 단순한 것 같지만 사실은 전혀 다르다. 첫번째 허들은 어떻게 뛰어넘을지, 거기를 몇 초 몇에 통과할지 등 항상 치밀하게 계산을 해야 한다. 하나만 잘못돼도 전부 무너져버린다. 마치 스위스 시계를 조립하는 것처럼 정밀하고 어려운 작업임을 알고는 굉장히 감탄했다.

평상시에도 전신의 모든 근육을 체크하면서 연습하는 등 매우 이론적으로 훈련을 한다고 들었다. 그 사실을 알고부터는 경기를 보는 관점이 달라졌다.

체조의 쓰카하라 나오야 선수와 대담을 했을 때는 아버지이자 코치인 쓰카하라 미쓰오 씨가 이런 이야기를 들려주었다.

"지금 세대의 선수들이 하고 있는 체조는 저희들 때와는 수준이 다릅니다. 난이도가 거의 초인적입니다."

쓰카하라 미쓰오는 예전에 그 어려운 문설트 기술(Moonsault, 체조의 철봉 연기에서 몸을 좌우로 비틀면서 회전하며 내려오는 기술—옮긴이)로 올림픽 우승을 차지했던 사람이다. 그런 그가 '사람이 하기 힘든 기술이다'라고 단호하게 잘라 말하는 요즘의 기술을 보기 좋게 성공시키는 나오야 선수 세대는 얼마나 대단한 선수들인가?

그러니 익숙함이란 무섭다. TV에서 그들의 활약을 자주 보고 있노라면 대수롭지 않게 여겨지니 말이다.

피겨스케이트도 마찬가지다. 선수는 아무렇지 않은 얼굴로 3회전이나 4회전 점프를 한다. 관객들은 느긋하게 "잘했다"거나 "실패했다"고 말하지만, 사실 우리는 초인적인 기술을 보고 있는 것이다.

그 사실을 알려면 스스로 타보는 게 제일이다. 아마 점프를 단 10센티도 오르지 못할 것이다. 역시 밖에서만 보지 말고 자기 나름의 '작업 과정'을 통해 몰입해 보는 것이 효과적이다.

그런 의미에서 '나는 감동하고 있는가?'라고 자신에게 물어보기를 바란다. 감동하지 못했다면 공부하기는 힘들다. 감동이야말로 머리를 단련시킬 때 중요한 원동력이다.

한 가지 짚고 넘어가자면 감동이란 '우는 것'이 아니다. 자칫 요즘은 '감동은 곧 눈물을 흘리는 일'로 받아들이기 십상인데 그런 표면

적인 것이 아니다. 감동이란 자신의 마음 깊은 곳에서 뭔가를 느끼고 그 마음이 움직이는 것이다. 대상에게 이끌려 마음이 뭔가를 느끼고 움직였다면 행동이 변한다. 진정한 의욕이 솟아나고 그것이 머리를 단련시킨다.

Good study skills

가설을 세울 줄 모르는 사람은 어떻게 될까? 아마도 최종적으로는 고만고만한 일만 하다가 끝나게 될 것이다. 시키는 일만 하는 탓에 주어진 상황을 뛰어넘는 성장이나 개선은 애초부터 기대하지 못한다. 비용 절감도 제대로 하지 못한다. 가설이 없으니 개선 아이디어가 나오지 않기 때문이다.

07 chapter

하나를 듣고 열을 아는 힘, 추리력

MON

TUE

WED

THU

START ▶▶

FRI

SAT

SUN

1

성장을 평가해 주는 사람을 만나라

사람이 최선을 다하기 위해서는 외부적인 요소도 다양하게 고려해야 한다. 그 중 하나가 다른 사람의 눈이다. 자신을 끌어올려 주는 이, 자신을 지켜보고 평가해 주는 누군가가 필요하다.

개가 재주를 부리거나 시키는 대로 말을 잘 듣는 것은 오로지 주인에게 인정받고 싶고 칭찬받고 싶은 마음 때문이라고 한다. 칭찬해 주면 무엇이든 기꺼이 한다. 사람도 마찬가지로 칭찬받고 싶어 하는 성향이 강하다.

그 궁극적인 태도가 바로 '나를 알아주는 사람을 위해 죽는다'라는 말이다. 사람은 자신을 이해해 주는 사람을 위해서라면 목숨까지 바치기도 한다. '이해받고 싶다, 칭찬받고 싶다'는 마음은 인간의 근원적인 욕구이다. 그런데 요즘은 이런 마음이 지나치게 강해진 측면도 있다. 즉, 상대에게만 요구한다. 사실은 이해받는 것과 마찬가지로 아니 그 이상으로 다른 사람을 이해하고자 하는 태도가 중요하다.

어쨌든 자신이 이해받는다는 것은 대개 기질이나 성격, 자신이 지금 갖고 있는 고민이나 욕구 등 많은 것을 공유한다는 뜻이다. 하지만 그런 방식은 성숙한 사고법이 아니다.

예컨대 이는 치유를 구하고 뭔가를 얻고자 하는 유형이다. 별 볼일 없는 자신을 벌충하기 위해 상대방에게서 빼앗는 일면이 있다. 그런 만큼 상대방을 이용한다. 아무리 긴밀한 관계를 맺어도 서로 얻는 것이 없는 유형이다.

학생들이 친구들과 한가로운 한때를 보내는 것도 나름대로 의미는 있다고 생각한다. 자신의 아픔을 치유할 겸 서로 고민을 들어주는 것도 나쁘지는 않다. 적당한 범위라면 분명 기분을 푼다는 일시적 효과는 있다.

어쨌든 이를 누군가가 이해해 주었다 해도 자신을 향상시키고 싶어 하는 사람에게는 별 의미가 없다. 진정으로 필요한 것은 남에게서 빼앗은 것으로 자신의 부족한 면을 메우는 작업이 아니다. 우선 다음과 같은 사람을 가까이 해야 한다.

자신이 향상해 나가는 한 발짝 한 발짝의 성장 폭을 제대로 평가해 주는 사람, 알아주는 사람

이것은 고민에 대해 치유를 구하는 것과는 다르다. 자신이 얼마나 배우고 얼마나 흡수하는지, 그런 향상의 폭을 이해해 주는 것이다. 그런 평가의 안목을 가진 사람이 곁에 있으면 큰 의지가 된다.

“요즘 훌쩍 큰 것 같구나.”

“대단해. 그동안 열심히 공부했군.”

이런 식으로 알아주는 사람이 있다면 점점 더 그렇게 되고 싶어진다. 더 열심히 하겠다는 의욕이 솟는다.

2

의욕을 높여주는 책꽂이 공부법

'이해해 준다'는 말은 '알아준다'는 말과 같다. 발전하는 만큼 이를 알아주는 상대가 있다면 사람은 크게 달라진다. 반대로 알아주는 사람이 없으면 의욕은 자극을 받기 어렵다. 아기들도 부모가 기뻐해 주면 더 많이 웃는다.

이 같은 평가의 시선은 식물이 영양분이나 빛을 원하는 것과 같다. 필요한 양분이 충분하면 쑥쑥 자라고 부족하면 시든다. 자신의 성장치를 알아주는 사람, 자신을 믿어주는 사람이 옆에 있다는 것은 굉장히 좋은 일이다. 만일 곁에 그런 상대가 없다면 스스로 찾아보라.

자신의 실력을 측정하는 작업이 선행되어야 한다. 이는 학교에서 치르는 시험과 비슷하다. 예를 들어, 영어 공부를 하고 있다면 토플이나 토익 등 객관적인 시험을 정기적으로 치르고 실력이 어느 정도인지 측정해 보자. 정기적으로 치러야 한다는 점이 중요하다. 들쑥날쑥 해서는 안 된다. 한 달에 한 번이어도 좋고 두 달에 한 번이어도 좋으니 일정한 간격이어야 한다. 그렇게 하면 공부와 노력의 결과로서 자신이 얼마나 성장했는지 객관적인 파악이 가능하다. '많이 발전했을 거야'라고 자기 스스로 가늠하지 말고 외부의 잣대를 통해서 그 차이를 확인해야 한다. 때때로 공부하고 있다며 자기만족에 빠지거나 심지어 과신하는 등 옳지 못한 판단을 하는 경우도 많다. 그런 탓에 외부의 객관적인 판단은 더욱 중요하다. 테스트이기는 하지만 다른 사람에게 자신을 평가받는 일이라서 긴장감도 생긴다. 조금이라도 더 좋은 점수를 얻고 싶은 마음이 든다. 더욱 열심히 공부에 박차를 가하게 된다.

혼자서 평가하는 또 하나의 방법은 '시각화'이다. 조금 과장된 표현이지만 다 읽은 책을 선반에 나란히 꽂아 두는 것도 스스로를 평가하는 방법이다. 혼자서 공부할 때 다 읽은 책이 차례차례 선반에 늘어나는 것을 보면 쾌감을 느끼게 된다.

공부할 때도 '아, 좋은 공부를 했다'라고 생각되면 사람은 일종의 쾌감을 느낀다. 당신이 만일 학생이라면, 듣기만 해도 머리에 쏙쏙 들어오는 깊이 있고 재미있는 수업을 들으면 분명 상쾌한 만족감을 느낄 것이다. 이른바 질적인 쾌감이다.

마찬가지로 양도 사람에게 쾌감을 준다. 단순하지만 한 권의 책을 독파하고 그것을 책꽂이에 장식하는 것만으로도 기분이 좋아진다. 그것이 다섯 권, 열 권으로 늘어나면 기분은 더욱 더 좋아진다. '읽기는 했지만 이해가 잘 안 되는 책'이어도 괜찮다. '중간까지 읽다가 포기한 책'이 섞였어도 괜찮다. 어쨌든 공부하려고 책을 사고, 그 책이

읽은 책은
지식의 증거이자
공부의 증거

책꽂이에 나란히 꽂혀 있으면 이유를 딱 꼬집어 표현하기는 어렵지만 분명 친숙한 기분이 든다.

무리할 필요는 없다. 일단은 1년 동안 책꽂이 한 단을 채우겠다는 각오나 목표면 된다. 그러다 어느 날, 문득 집 안이 온통 책으로 뒤덮였다는 사실을 알아차리게 될지도 모른다. 얼마나 환영할 만한 일인가. 이처럼 책꽂이에 공부의 '증거'가 나란히 늘어나는 쾌감만으로도 자신에게 큰 격려가 될 것이다. 한 권 한 권의 책등(책을 꽂았을 때 보이는 세로 면—옮긴이)이 예전과는 달라진 자신의 변화를 측정하는 눈금이 되어주니 말이다.

3

낮은 산이라도 정상은 정상이다

어떤 일에든 해당되는 말이지만 한 가지 일을 잘하는 사람은 다른 분야에서도 훌륭한 성과를 얻고는 한다. 전혀 흥미가 없는 것은 별개로 하더라도, 같은 마음가짐으로 손을 대면 그 나름의 결과에 달하는 경우가 많다.

이는 호스의 끝을 꽉 조이면 수압이 높아져 물이 힘차게 분출되는 것과 같다. 자신이 원래부터 잘하는 어떤 분야에 대해 호스를 꽉 조이는 것처럼 온 힘을 다해 공부했다고 하자. 그러면 다른 사람보다 훨씬 더 큰 성과가 나온다. 그렇게 통과했을 때의 쾌감이 사람의 능력을 급속도로 확장시키고 사람을 더욱 빨리 달리게 만든다.

이름을 붙이자면 '한정 공부법'이다. 실제로 달리기를 잘하는 사람들은 대부분 초등학생 때부터 발이 빨라 사람들에게 칭찬을 받고 육상을 시작한 경우가 많다. 400미터 허들의 다메스에 다이 선수도 마찬가지이다. 그렇게 하나의 특기 분야를 가지게 되면 '이것만은 누구에게도 지지 않겠다'라는 자신감이 생긴다. 동시에 '이렇게 하면 내

특기로 만들 수 있겠다'라는 자기만의 방법론이 공부하는 과정에서 몸에 배게 된다. 이후로는 어떤 일에서든지 그 방식을 응용만 하면 된다. 무엇을 배우거나 습득하고자 할 때 이미 자신이 가진 노하우를 조금 변형시키거나 확대해서 적용하면 된다. 이 방법론은 진화해 나간다.

위에서 말한 스포츠든 혹은 차원이 전혀 다른 공부든 방법은 다르지 않다. 이미 효과가 입증된 자신만의 방법이 있으므로 차분하고 확실하게 공략하게 된다. 도중에 망설이는 일도 줄어든다. 망설임이 없다는 말은 자신이 있다는 뜻이다. '반드시 해내겠다'는 확신을 가지고 임하지 않는 한 공부가 몸에 배기란 쉽지 않다. 불안을 품은 상태로는 공부를 계속하기 어려울 뿐 아니라 성과도 오르지 않는다. 무엇보다 자신을 가져야 한다.

자신을 가지려면 먼저 작은 성공 사례를 만들어야 한다. 작고 제한된 범위라도 좋으니 어떤 한 분야에서 '이것만은 잘한다'라고 내세울 만한 수준까지 가야 한다. 제한된 범위를 영어 공부로 예를 든다면 '글의 짜임이나 숙어는 일단 제쳐두고 오로지 단어만 암기하는 데 집중하라'는 말이다. 그래도 범위가 너무 넓다면 한 단계 더 줄여본다. 3년간의 고등학교 교과서 전부를 공부하기 어렵다면 '우선 1학년 부분을 언제까지 다 외우겠다'는 식으로 시도해 보라. 이렇게 작은 것이면 된다. 단 하나라도 '이 분야, 이 능력에 대해서는 완벽하게 자신 있다'는 마음을 가져라. 그러면 신기하게도 누구에게도 지지 않을 자신감이 생긴다.

낮은 산이라도 정상은 정상이다. 정상에 서야 비로소 알게 되는 것들이 있다. 바로 이 같은 자신감을 갖는 일부터 시작해야 한다. 이때 '나는 원래 머리가 나쁘다'거나 '공부는 아무리 열심히 해도 잘 안 된다' 따위의 말은 잠시 잊어도 좋다. 우선은 하나부터 시작한다. 그 하나를 이루면 다른 일에도 응용이 가능하다. 반드시 이뤄진다.

4

공자에게 배우는 겸손한 공부법

공자는『논어』에서 "아는 것은 안다고 하고 모르는 것은 모른다고 하는 것, 이것이 진정으로 아는 것이다"라고 말했다.

자신이 잘하는 분야를 가진 사람은 그에 관해서 '안다'고 대답해라. 반면에 모르는 것에 대해서는 솔직하게 "모릅니다. 가르쳐 주십시오"라고 말해야 한다.

한 분야를 확실하게 익히면 자신감이 생긴다. 그러면 모르는 일을 질문하는 데 부끄럽게 여기거나 주저하지 않는다. 자신이 없으면 겉치레를 하게 되고 모르면서도 아는 척을 한다. 남에게 가르침을 받지 못하면 모처럼 주어진 알 기회를 놓쳐버리고 성장하기도 어렵다.

자고로 아는 것과 모르는 것, 그 두 가지의 경계를 안다는 것은 이미 그것에 다가갔다는 뜻이다. 모를 경우에는 어디까지 알고 어디서부터 모르는지조차 모른다. 그래서 능력 있는 사람은 어떤 일에 대해 '여기는 알겠는데 이 앞은 모르겠다. 아마도 거기가 틀린 듯하다'라고 문제의 포인트를 명확하게 지적한다. 일을 할 줄 모르는 사람은 어디가 포인트이며, 자신이 모르는 게 무엇인지조차 감지하지 못한다. 이렇듯 아는지 모르는지 막연하고 애매한 상태가 가장 나쁘다. 자신에게 확신을 갖지 못하게 되고 공부를 계속하는 데 대한 불안도 생긴다.

나쁜 상황을 피하려면 모르는 것은 '모릅니다. 가르쳐주십시오'라고 솔직하게 말하는 태도를 가져야 한다. 이것이 내가 말하는 질문력의 하나이다. 자기를 성장시키고 싶다면 솔직해져야 한다.

5

추리는 셜록 홈즈만의 전유물이 아니다

뭔가를 배울 때는 이해력이 있어야 한다. 그렇다면 이해하기 위해서 무엇이 중요할까? 추찰(推察, 미루어 생각하며 살핌)하는 힘 즉, 추리하는 힘이 결정적으로 요구된다. 그래야만 사물의 문맥이 파악된다. 문맥이란 사물의 연결이자 의미의 연결이다. 이러한 연결 관계는 추찰을 통해 알게 된다. 추찰과 추측을 통해서 찾아야 연결 관계가 명확해진다. 찾는 장소가 잘못되었다면 찾아내기란 불가능하다.

'추리'라고 하면 셜록 홈즈 같은 탐정을 떠올릴지 모르지만 추리는 그렇게 특별한 능력이 아니다. '이것이 이러하니까 아마 다음은 이렇게 되겠지', '이렇게 오겠지'라고 이후에 닥칠 일을 예측하는 것이 추리다. 머리를 단련할 때, 그저 멍하니 지식을 집어넣으려고만 하면 효율이 떨어진다. 차를 운전하면서 '앞 차는 저쪽 교차점에서 돌 것 같다', '이 택시가 갑자기 멈추는 게 아닐까?'라고 추측하듯이 책을 읽거나 남에게 배우면서 앞일을 추리해야 한다. 추리가 익숙해지면 공부는 자연스럽게 진도가 나간다. '이러니까 아마 이렇게 될 것이다'

라고 예측했는데 실제로 그 예측이 맞으면 기분이 좋다. 인상에 강하게 남기 때문에 머리에도 쏙쏙 들어온다. 그러면 공부의 속도가 빨라진다. 급성장하는 사람은 머릿속에서 항상 추리를 한다.

『논어』에서는 "알고 싶어 번민하지 않으면 얻어지지 않는다"라고 했다. 알고 싶고 깨닫고 싶다고 몸부림칠 정도가 되지 않으면 가르치지 않겠다는 뜻이다.

그리고는 사각형을 예로 들어, "네 모퉁이각 중 하나의 모퉁이를 가르쳤을 때 나머지 세 모퉁이를 추리하지 않는 자에게는 가르쳐도 의미가 없다"는 말도 했다. 하나를 배워서 셋을 추리하는 것이 진정한 배움의 방법이라고 말한 것이다. 실제로 정말 알고 싶은 생각이 있다면 하지 말라고 해도 '저러할까? 이러할까?' 하고 궁리하게 된다. 그러므로 여기서 말하는 '추리력'이란 맞추는 능력만을 의미하지 않고, 계속 스스로 질문을 찾고 '이것인가? 저것인가?'라고 다음 일을 헤아리는 것을 말한다.

이런 추리력의 최고 달인이 바로 공자의 제자인 안회顔回였다. 안타깝게 요절하는 바람에 기량을 펼칠 시간이 짧았지만 그는 아주 우수한 사람이었다. 제자 중 한 사람이 공자에게 이렇게 안회를 평했다.

"저는 하나를 들으면 둘밖에 모르지만 안회는 하나를 들으면 열을 압니다."

여기서 그 유명한 '하나를 들으면 열을 안다'라는 말이 나왔다. 그렇게 되기 위해서는 유추적 사고를 가동시켜야 한다. '이러하니까 여

기서도 아마 이러할 것이다'라고 추리하는 능력이 큰 도움이 된다.

추리력과 유추 능력을 잘 활용하면 처음 접하는 정보를 듣든 어떤 분야를 파고들든 적응을 잘하게 된다. '그러고 보니 그 스포츠 트레이닝 방법론은 학문 연구의 방법에도 적용할 수 있겠는걸?'이라는 생각을 하게 된다. 영역에 관계없이 다른 분야로 점점 이동이 가능하다.

6

다윈에게 배우는 추리력 단련법

찰스 다윈의 『진화론』도 상당 부분이 왕성한 추리력으로 이루어졌다. 잘 알려진 바와 같이 생명은 환경 등에 적응해서 변화한다는 자연도태와 자연선택의 논리를 제창한 이론이 진화론이다. 당시에는 상당히 획기적인 내용이었기에 엄청난 논쟁을 불러일으켰다.

다윈은 비글호를 타고 갈라파고스 제도로 가서 섬들을 탐색하고 다녔다. 살아 있는 것은 물론이고 무수한 지층과 화석을 관찰하면서 생명의 연결성을 찾아 헤맸다. 그렇게 해서 이른바 미싱 링크(missing link, 생물 진화과정에서 진화계열의 중간에 해당하는 종류가 존재했다고 추정되는데도 화석으로 발견되지 않은 것—옮긴이)를 잇는 추리 끝에 '혹시 엄청난 시간이 지나면 돌연변이를 통해 다른 종이 나오지 않을까?'라는 결론을 얻었다. '미세한 차이가 지속적으로 축적된 결과 절해고도인 갈라파고스 섬 안에서 특이한 생태계를 만들어냈다'라고 추리한 것이다.

그의 진화론은 후대 사람들에 의해 '사회진화론'이라는 개념의 추리에도 쓰였다. 사회를 하나의 생명체로 보고 그곳에도 역시 다윈이 말하는 것과 같은 진화의 메커니즘이 존재한다고 추리했다. 말하자면 하나의 추리가 유추를 점점 확장시켜 나가고, 그로 인해 이해도가 높아져서 활용 가능한 지식으로 변화한 것이다.

그러므로 일이든 공부든 무엇인가를 할 때는 항상 문맥을 쫓아 그 다음을 읽는 습관을 들여야 한다. 반드시 그렇게 하기를 바란다. 그렇게 하지 않으면 아무런 일도 못하게 된다.

예측을 통해 쉽게 움직인다는 말은 머리뿐 아니라 행동으로도 이어진다. 예측하면 조심한다. 이 점이 중요하다. 조심하지도 준비하지도 않는 사람은 어떤 일도 대처하지 못한다. 예를 들어 "차를 운전하던 중 옆쪽에서 어린아이가 튀어나오는 바람에 깜짝 놀라서 아이를 칠 뻔했다"라는 말도 조심하지 않은 데 대한 변명일 뿐이다. 사실 세상을 살면서 전혀 예측 불가능한 돌발적 사건은 그리 많지 않다. 대개의 사건은 일어날 만한 상황이나 장소, 타이밍에 일어난다. 중요한 것은 이를 미리 추측하고 조심하는 일이다. '이런 도로에서는 어린아이가 튀어나오지 않을까?'라고 추측하고 속도를 줄이는 등의 준비를 하면 깜짝 놀랄 일은 생기지 않는다. 당황하지 않고 해결될 일이다.

반대로 말하면 뭔가 이러한 '깜짝 놀랄 일'이 많은 사람은 조심하지 않는 사람 즉, 추리력이 없는 사람이다. 매사에 추리력은 필요하다.

7

가설을 세우는 것이 모든 개선의 출발점

가설력假說力이란, 어떤 일이든 일단 가설을 세워두는 능력을 말한다. 두뇌 단련을 위해서는 가설력을 반드시 몸에 익혀야 한다. 그 이유는 '과학은 부정한 후에 가치가 나온다'는 사실 때문이다. 가설은 부정하기 위해 존재한다 해도 과언이 아니다. 이 말을 증명해줄 만큼 그동안 무수한 가설이 부정돼 왔다.

일찍이 우주의 법칙을 완벽하게 밝혀냈다고까지 평가받았던 아이작 뉴튼의 위대한 '만유인력의 법칙'조차 나중에 일부가 수정되었다. 그 유명한 알버트 아인슈타인의 상대성 이론에 의해서 말이다. 과학 이론의 99퍼센트가 가설이라고 말하는 책까지 있을 정도다. 그렇게 생각하면 가설은 100퍼센트 맞지 않더라도 그것을 세우는 것만으로도 큰 의미를 지닌다.

가설력을 기르면 사물을 잘 통찰하게 된다.

"이 작업은 이렇게 하면 좀 더 확실하게 완성하지 않을까?"

"회의에 앞서 메일로 의견을 모으고 그것을 인쇄 자료로 만들어두면 효율적인 논의가 이루어지지 않을까?"

이를 테면 위와 같은 식으로 생각하고 가설을 세운다. 가설을 세운 후에는 실험을 통해 확인해 본다. 실제로 가설을 실험했을 때, 예상대로 일이 잘되었고 회의가 효율적으로 진행되었으며 전원의 의사가 잘 전달되어 호평을 받았다는 등의 어떤 결과가 나오게 된다. 그러면 그 결과를 이용해 다시 가설을 세우고 실험을 한다. 가설이 잘못되었다면 조금 다른 방향에서 생각해 본다. 잘되었다면 다시 가설과 실험을 통해 개선한다. 도요타 자동차 회사에서 말하는 그 유명한 '개선'이다.

개선이란 품질 향상과 비용 절감을 추구하는 방법이다. 해외에서도 개선이란 단어의 일본어인 '카이젠kaizen, かいぜん'이라는 말을 그대로 사용할 정도로 유명하다. 개발 업무에 종사하는 사람들에게는 꽤 익숙한 단어다. 일반적으로 무언가를 개발하는 일은 가설을 세워 실험하고 검증하고 수정하는 작업의 연속이다.

도요타의 자동차 중 하나인 카롤라Corolla에는 엄청난 가설과 검증이 축적돼 있다. 카롤라 1세대는 1966년에 발매되었고 그 후 모델 변경을 반복하면서 현재 10세대가 되었다. 실로 개선의 결정체인 셈이다.

보통 사람들은 일상생활 속에서 이러한 감각으로 사물을 대하는 경우가 거의 없다. 세상에는 뭔가에 대해 먼저 '이렇지 않을까?'라고 가설을 세울 줄 아는 사람과 그렇지 못한 사람으로 갈라진다. 가설을 세울 줄 모르는 사람은 어떻게 될까? 아마도 최종적으로는 고만고만한 일만 하다가 끝나게 될 것이다. 시키는 일만 하는 탓에 주어진 상황을 뛰어넘는 성장이나 개선은 애초부터 기대하지 못한다. 비용 절감도 제대로 하지 못한다. 가설이 없으니 개선 아이디어가 나오지 않기 때문이다. 비용을 줄이지 못하면 매상을 늘리는 방법밖에 없다. 헌데 매상을 늘릴 아이디어도 가설 없이는 탄생하지 않는다.

어쨌든 가설이 출발점이 된다. '이건 이렇게 하면 이렇게 되지 않을까?'라고 생각하고 실험해 보는 발상이 필요하다. 그렇지 못한 사람은 눈앞에 떨어진 이익만으로 살아가야 한다. 얼핏 보면 일은 잘 처리하는 듯하지만 결국 회사에 종속된 존재로 그친다. 그래도 상관없다고 한다면 성장 또한 어렵다.

당연한 이야기지만 일뿐만 아니라 스포츠나 공부에서도 마찬가지다. 어떤 일에 대해서든 가설의 씨앗은 무한히 존재한다. 공부가 힘들다고 느껴질 때 자신에게 채찍질을 가하는 것도 필요하지만 '이렇게 하면 즐거워질까? 저렇게 하면 재미있을까? 덜 지루하게 하는 방법은 뭘까?'라고 가설을 세워보는 것이 중요하다. 재미없는 일을 받았다고 "이런 일은 의욕이 나지 않아"라고 불평만 하면 더 재미없어진다. '어떻게 하면 재미있어질까?', '이 일은 이렇게 하면 가치가 올라가지 않을까?'라고 가설을 만들어보라. 이를 얼마나 잘하는지가 가설력이다.

헤이안 시대794~1185에는 사람을 괴롭히려는 귀신이 나타나면 '훠이, 훠이, 물러가라'며 굿을 하거나 주문을 외는 일이 고작이었다. 그 이상으로 사고가 발전하지 못했다. 두렵다는 생각이 드는 순간, 상황을 수동적으로 받아들이기만 할 뿐 두뇌의 회전이 멈춘 것이다. 그러나 지금, 21세기를 사는 사람들은 이제 매사에 과학적인 가설을 세울 줄 안다. 당연히 '귀신이란 그저 마음이 만들어낸 환영이 아닐까?' 라고 생각하는 시대다. 지금까지 주어진 대로 멍하게 일이나 공부를 해온 사람은 자신의 모든 활동에 대해 가설을 세우는 습관을 들여야 할 것이다.

8

스케줄 수첩으로 성장을 확인하라

가설은 어떤 일에 대한 깨달음에서 시작된다. '이거 참 재미없는 일이군'이라는 깨달음이 있어야 비로소 '자, 그럼 이렇게 하면 어떨까?'라고 생각하게 된다. 경구를 빗대서 말하자면 "깨달음은 가설의 어머니"이다.

"손님들의 불만 사항을 비난이라고 생각해서는 안 된다. 불만에 감사하라."

비즈니스 현장에서는 종종 이런 말을 듣는다. 대개 그 의도하는 바는 다음과 같다. 손님이 뭔가 불만을 말할 때에는 아무리 생트집 같은 내용이라도 반드시 그 안에 매상을 개선시킬 중요한 힌트와 깨달음의 씨앗이 들어 있다. 공짜로 배우는 귀중한 기회이므로 귀찮다고 생각하지 말고 고맙게 경청해야 한다는 뜻이다. 손님이 직접 가설의 씨앗을 가르쳐준다면 보다 더 효율적이다. 이런 느낌을 살려 실적을 올리는 가게나 기업도 적지 않다. 반면 아무것도 깨닫지 못하는 사람에게는 당연히 성장도 없다.

우선은 날짜별로 칸이 나누어진 스케줄 수첩을 준비한다. 위에서부터 아래로 매일의 공간이 배열돼 있는 타입이라면 오른쪽 끝 부분에 '깨달음'이라는 칸을 만든다. 그곳에 뭔가 깨달은 사항을 적는다. '일하면서 이런 문제가 있었다. 최근에 비슷한 경우가 많았다. 조작 순서는 틀리지 않은 것 같은데.' 이런 식이다. 나는 이 부분을 3색 볼펜 중 녹색으로 쓴다. 앞에서 말한 바와 같이 재미있는 일, 흥미를 가지는 일은 녹색으로 쓰기로 정해 두었다. 요컨대 다른 것과 구별하기 쉽고 한눈에 보이게 만든다. 아니면 느낌만을 위한 페이지를 따로 준비해 써도 된다.

중요한 것은 다음의 두 가지이다.

1. 특정한 칸을 준비할 것

2. 정해진 색으로 쓸 것

이렇게 하면 큰 흐름을 파악하기 쉽다. '이 날은 깨달은 바가 있었다. 이 날은 없었다. 이 날은 두 개 있었다', '최근에는 아무것도 느끼지 못하는 날이 계속되었다' 등이 한눈에 보인다. 이것이 시각화의 장점이다. 이렇듯 체크를 계속하다 보면 깨달음은 반드시 늘어간다. 깨닫고자 하는 의식이 생김으로써 클라인의 항아리 뫼비우스의 띠와 같이 바깥쪽과 안쪽을 구별할 수 없는 2차원 곡면의 일종처럼 눈에 보이지 않던 것이 한눈에 들어온다. 남의 기분이나 표정에도 민감해지고 주의가 깊어진다.

마음은 보이는 것이 아니다. 그래서 얼굴 표정이나 몸짓을 통해 읽게 된다. 사람의 표정은 상당히 복잡하고 정밀하다. 허나 깨닫는 훈련을 거듭하면 상대의 표정이 조금만 변해도 '진지하게 듣고 있다'거나 '아무래도 내 이야기를 건성으로 듣는 것 같다'고 감을 잡게 된다. 이를 감지할 줄 알게 되면 상황에 따라 대응하는 능력이 생긴다. 감이 없는 사람은 다른 사람의 마음을 읽어내지 못한다. 사람은 심리에 따라 큰 소리를 내거나 목소리를 낮추거나 아니면 말이 빨라지는 등 말하는 방법도 바뀐다.

만약 상대의 마음을 파악하지 못하면 그야말로 분위기를 잘못 이해해 실패가 반복된다. 분위기를 읽는다는 것은 논리적인 일이 아니다. 피부로 느껴야한다. 이를 테면 "알겠습니다. 그렇게 합시다"라고 상대가 대답했을 때 그것을 항상 일률적으로 곧이곧대로만 받아들여서는 안 된다는 말이다. 만일 이렇게 말하는 상대의 얼굴에 불만의 기색이 떠오른다면 어떻겠는가? 사실은 귀찮아서 빨리 이야기를 끝내려고 입에 발린 말로 적당히 동의한 것인지도 모른다. 말만 가지고는 모른다.

이렇게 상대의 감정에 둔한 사람은 '저 사람과는 일하기 힘들다'라는 말을 듣는다. 상대나 동료, 상사에게 소외당하고 근무 평가에도 나쁜 영향을 준다. 회사는 모든 것을 간파하고 있다.

Good study skills

창조적인 관계라는 것은 특별히 근엄한 얼굴로 예술을 이야기하는 것만은 아니다. 서로 자극을 주고받으며 정체성을 좋은 쪽으로 바꿔나가고 거기에서 새로운 즐거움을 알게 되고, 나아가 자기 공부로 이어지는 것을 말한다.

08 chapter

공부하는 사람은 대화가 다르다

MON

TUE

WED

THU

START ▶▶

FRI

SAT

SUN

1

기분 좋다는 느낌은 공부에 도움이 된다

일반적으로 ‘공부’라고 하면 아무래도 ‘일’이나 ‘강제’라는 이미지가 함께 떠오른다. 학창 시절 시험공부, 자격증을 따기 위한 공부, 업무에 필요한 어학이나 지식의 습득 등 대부분이 그렇다. 전부 정해진 기간 안에 성과를 내야 하는 것들이다.

경우에 따라서는 재미있고 신나는 공부가 있기도 하다. 하지만 대부분의 경우 ‘이런 걸 공부해서 무슨 의미가 있겠어?’라고 생각하면서도 수도승처럼 오락이나 욕망을 끊고 진지하게 공부하는 길밖에 없다고 생각한다.

예컨대 자기 회사가 어느 날 갑자기 외자 유치를 받아 ‘다음 달부터는 사내에서 영어만 쓰기로 했다’는 상황이 발생했다면, 이를 의무적으로 따라야 할 뿐 시간을 더 달라고 청하지 못한다. 그럴 경우에는 무조건 시키는 대로 해야 한다. 말 그대로 ‘힘껏勉’ ‘강요하는强’ 셈이다(勉强은 일본어로 ‘공부’라는 뜻—옮긴이). 이런 공부는 기본적으로 의무감에서 벗어날 수 없다.

반면 교양은 조금 다르다. '뭔가를 위해' 배운다기보다 '스스로 자연스럽게' 배워나간다. 교양에서는 공부의 결과나 얻어지는 눈앞의 실리적인 성과가 그다지 문제되지 않는다. 배움으로써 자신이 풍요로워지는 데에 더 큰 가치가 있다. 나아가서 배우는 행위 그 자체가 교양이기도 하다.

예컨대 자신을 풍요롭게 만들기 위해 교양으로 영어 회화를 익히기로 한 경우다. '영어 회화를 공부하는 시간 그 자체가 즐겁다'고 느끼면서 공부에 몰두한 결과, 영어를 자유자재로 말하게 되었다고 하자. 이런 상황은 이상적으로 교양을 익히는 방법인 셈이다. 조바심이 없으므로 이상적이다.

그럼 어떻게 공부를 즐기면서 할 수 있을까?

자신이 공부할 때 '기분 좋다'고 느끼는 것을 찾아라

외국어 공부를 할 때는 찻집이나 카페 등의 테이블에 둘러 앉아 외국인 선생님에게서 레슨을 받는다. '늘 있던 장소와 대하는 사람이 달라지니 산뜻한 기분이다. 기분 전환이 된다'라고 느껴진다면 그것이 고스란히 공부의 즐거움이 된다. 행위 자체가 교양이 되는 것이다. 나도 찻집에서 레슨을 받은 적이 있는데 가르치는 사람이나 가르침을 받는 사람이나 서로 친구 같은 느낌이 들어서 아주 좋았다. 특히 카페에서의 느낌이 너무 좋았기 때문에 『15분이 쓸모 있어지는 카페 전략』이라는 책까지 냈을 정도다. 카페에서 공부나 업무를 하는 코피스족Coffee+Office이라는 신조어가 생길 만큼 카페는 학생들과 직장인들로부터 이미 많은 사랑을 받고 있다. 나는 이 점에 착안해 왜 많은 사람들이 카페에서 일하는 것을 선호하는지, 카페는 공부하기 좋은 장소인지, 카페에서 일하면 어떤 장점이 있는지 등을 연구해 카페를 자기계발에 200% 활용할 수 있는 비법을 담았다.

다시 외국어 이야기로 돌아가자면 배우는 단어도 '유쾌함'에 한몫 한다. 모든 외국어에는 특유의 리듬이 있어서 모국어로 말할 때와는 다른 쾌감이 있다. 이 점이 재미있고 기분 좋게 느껴진다면 이제 의무감으로 하는 공부에서 해방이다. 외국어마다 유머 감각도 달라서 모국어에 없는 표현이 의외로 많다. 말 그 자체에 재미와 유쾌함이 존재한다.

그러므로 책을 읽다가 재미있는 부분을 접하면 낭독 즉, 소리 내 읽는 것이 좋다. 눈으로만 읽으면 속도야 빠르겠지만 어차피 모국어로 읽는 속도에 비하면 낭독이든 묵독默讀이든 느리기는 마찬가지다. 대개는 빨리 읽지 못한다. 그렇다면 차라리 낭독해서 음으로도 즐기자는 말이다. 그렇게 하면 단순히 외국어를 말한다는 것만으로도 쾌감을 느끼게 되고, 황홀까지는 아니어도 외국어로 말하는 자신의 모습이 유쾌한 듯 머릿속에 떠오른다. 물론 그렇게 한다고 해서 당장에 무엇을 얻는 것은 아니다. 하지만 결과적으로 공부가 의무도 수도자의 고행도 아닌 교양에 가까워진다.

이렇게 되면 공부는 교양을 익히기 위한 도구로 바뀐다. 공부란 원래 목적이 있는 것도 고행을 위한 것도 아니다. 공부는 교양을 만드는 수단이다.

2

암기력은 교양까지 상승시킨다

'교양이 있다'는 말은 어떤 것일까? 어떤 가치관과 기준으로 결정될까?

내가 생각하는 교양 있는 사람이란 '능숙하게 인용할 줄 아는 능력을 가진 사람'이다. 많은 지식을 가졌다고 해서 교양인은 아니다. 전문지식이나 다른 지식도 많이 가졌으나 교양이 없는 사람도 많다. 단도직입적으로 말하면 자신의 지식을 대화의 흐름이나 상대에게 알맞고도 흥미롭게 쉬운 형태로 인용할 줄 아는 사람이 교양 있는 사람이다. 지식은 양도 필요하지만 역시 사용 방법이 더 중요하다. 자신이 갖고 있는 온갖 지식을 과시하고 말참견하려 들며 거드름을 피우는 사람은 혐오의 대상이 된다. 지식이 많다고 해서 아는 것을 일방적으로 말하는 사람은 단순한 마니아에 지나지 않는다.

마니아들끼리는 마음 내키는 대로 이야기해도 상관없다. 허나 일반적인 대화를 나누기 위해서는 자신이 가진 지식을 그대로 드러내서는 안 된다. 대화의 흐름에 맞춰 알기 쉽게 설명하고 재구성하는 능력이 있어야 한다. 진정한 교양인이란 눈앞에 있는 상대를 위해 맞춤형 정보를 제공할 줄 아는 사람이다.

예를 들자면, 친구나 애인과 이야기하다가 '요즘은 공기가 깨끗해서 별이 잘 보여. 참 멋있어. 항상 별을 보면 즐거워'라는 이야기가 나왔다고 하자.

"지금 보이는 별빛은 몇 광년이나 걸려 지구에 도달하는 거야."

이 같은 인용은 너무 평범하다. 그러나 나쁘지는 않다. 별에서 우주를 연상해서 자신이 아는 지식 중 관련된 내용을 말했다. 누구라도 알고 싶어 할 만큼 흥미진진한 내용이다.

그러나 너무 이과理科적이고 전문적인 우주론을 피력하면 지식을 과시하는 것밖에 되지 않는다. 진정한 교양인이라면 자신의 지식을 보다 폭넓게 활용해야 한다.

예를 들자면 이런 이야기가 있다. 이탈리아 작가 이탈로 칼비노가 쓴 『우주만화Le Cosmicomiche』라는 단편집이 있는데, 우주가 시작될 때부터 살았다는 노인이 화자로 등장한다. 이 작품은 SF는 아니지만 기상천외하고 환상적인 우주 이야기를 전개해 나간다. 빅뱅에서부터 달에 대한 것까지 다채로운 내용이 펼쳐진다. 빅뱅이나 우주의 시작이 화제가 되었을 때 이와 같은 지식을 이야기와 잘 결부시켜 보는 방법도 있을 것이다.

이과적인 내용으로 시작했으면서도 자유자재로 화제를 문과의 영역으로까지 확장시킨다면 듣는 사람은 감탄하게 된다. "그러고 보니 얼마 전에 읽은 책에서……"라며 서로 연결되는 내용을 가지고 대화를 계속 이어가는 것이다. 장르의 벽을 뛰어넘어 한데 어우러진 배경을 가진 대화가 바로 교양인의 대화이다.

그러려면 책을 읽고 내용을 외울 정도여야 한다. 전문을 다 외우지는 못하지만 마음에 드는 부분만이라도 노트에 적어두고 가끔 접하면서 암기해 보자. 그러면 평소의 대화에서도 자연스럽게 인용할 수 있다. 교양이란 암기하는 것이라 해도 과언이 아니다.

아무리 공부를 많이 하고 지식이 많다 해도 이를 대화에서 살리지 못한다면 엄청난 손해다.

3

여러 개의 서랍을 가진 교양인이 되는 법

매력 있는 대화란 재미있는 대화다. 교양 있는 사람은 열어보일 만한 서랍을 다수 지니고 있다가 언제라도 상대의 흥미에 따라 화제나 대화의 흐름에 맞게 내용을 꺼내 쓴다. 그런 까닭에 듣는 사람은 재미를 느끼고 말하는 사람을 매력적이라고 느낀다.

이처럼 대화의 흐름에는 상대의 흥미가 결부돼 있다. 흥미와 대화의 흐름에 따라 그에 들어맞는 서랍을 열면 된다. 화제가 풍부해지고 이야기의 깊이도 깊어지므로 '언제나 저 사람의 이야기는 재미있다', '저 사람은 굉장히 박식하고 대단한 사람이다'라고 감탄하게 된다.

하지만 자기가 별에 대해 깊이 안다고 해서, 밤하늘의 별을 보고 아련하게 로맨틱한 기분에 젖어 있는 상대에게 최신 우주 이론을 줄줄이 설명한다면 어떨까? 절대 환영받지 못할 것이다. "조용히 좀 해!"라며 훼방꾼 취급을 받을 게 뻔하다. 또는 첫 데이트 때, 상대의 흥미 같은 건 아랑곳하지 않고 본인이 자신 있는 분야에 대해 장장 세 시간이나 열변을 토했다면 어떨까? 상대는 분명 이렇게 생각할 것이다.

'자기가 하고 싶은 말만 하는 독선적인 사람이다.'

누구라도 자신의 흥미와 관계없는 이야기를 듣는 것은 따분하기 마련이다. 그런 상대와 사귀어봐야 지루할 뿐이다. 남녀 관계는 복잡 미묘해서 개중에는 그런 점에 반하는 별난 사람이 있을지 모르겠지만 아무튼 문제가 있다. 두번째 데이트는 없을 테니 말이다.

'알고 있으니까 말한다'라는 자세는 '있잖아, 들어봐'라며 자기 내키는 대로 떠들어대는 어린애들의 대화와 다를 바가 없다. 그러므로 이는 두뇌 단련과 거리가 멀다. '여기서는 이 내용이 최적이다'라는 취사선택의 의식이 중요하다.

반대로 말하면 적재적소에서 지식을 내보인다면 아무리 과시를 했어도 '이야기가 지겹도록 장황하다'거나 '독선적인 사람'이라는 말은 듣지 않는다. 탁월하게 취사선택을 하느냐 그렇지 못하느냐의 차이가 평가를 가르는 기준이 된다.

4

두뇌를 사용하는 4가지 유형

'독선적이다'라는 평가는 머리가 나쁘다는 뜻이기도 하다. 대화에 탄력이 붙지 않는 상대, 관계없는 대화를 계속 이어가는 상대를 보면 사람들은 자기도 모르게 '이 사람은 머리가 나쁜 게 아닐까?'라고 생각한다. 지식은 있지만 '머리가 나쁘다'고 인식한다.

상대와의 교감이 없는 사람은 다른 사람의 흥미에 안테나가 세워져 있지 않다. 안테나는 자신의 기분이 좋은지 나쁜지에만 맞춰져 있다. 그래서 자신에게 조금 흥미 있는 지식을 펼쳐 보이면 그 즉시 상대방은 아랑곳하지 않고 주절주절 자신의 이야기를 떠들어댄다. 상대방과 의미 있는 대화를 나누는 게 아니라 그저 자신이 하고 싶은 이야기를 할 뿐이다. 혼자만의 기분에 수신 안테나가 맞춰져 있기 때문이다.

지식의 있고 없음, 머리의 좋고 나쁨을 다음과 같은 그림으로 정리해 보았다.

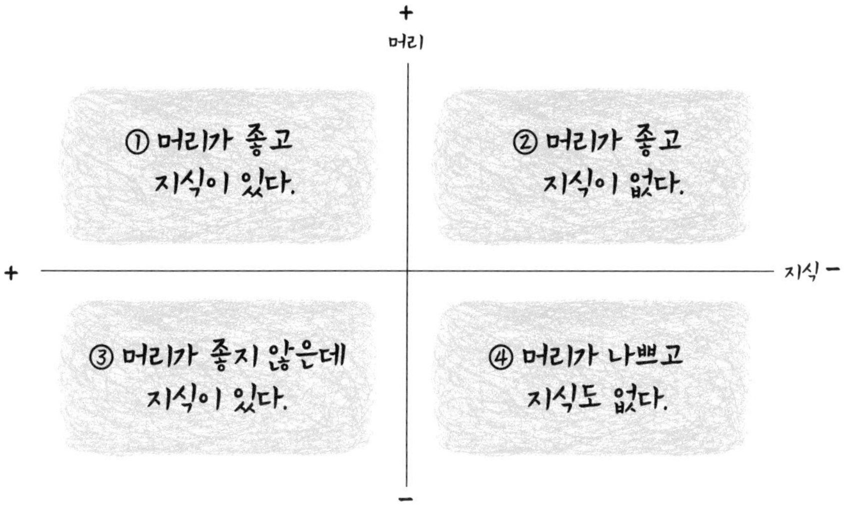

① 머리가 좋고 지식도 있다와 ④ 머리가 나쁘고 지식도 없다는 둘 다 금방 이해가 된다. '그럴 것 같다'라고 생각한다.

반면에 ②와 같이 머리가 좋은데 지식은 없는 사람이 있다. 이런 사람은 그래도 상대방 입장에서는 사귀기 쉽다. 어떤 의미에서 가장 나쁜 쪽은 ③번이다.

지식은 있는데 머리가 나쁜 사람은 대개 '자신은 머리가 좋다'고 생각한다. 착각을 하는 것이다. 즉, 사물을 객관적으로 보지 못한다. 머리가 딱딱하게 굳었다. 그래서 대화든 뭐든 상대나 상황에 맞추지 못한다. 융통성이 없어서 상대방에게 몹시 성가신 존재다. 게다가 이런 타입은 반성도 할 줄 모른다. 대단한 인물도 아니면서 독선적이다. 지식이 있어도 이를 잘 활용할 줄 아는 '지혜'가 없다.

오히려 ②처럼 지식 따위는 없어도 머리가 좋은 타입이 훨씬 낫다.

머리가 좋다는 말은 지혜가 있다는 뜻이다. 지식은 얼마든지 채워 넣으면 된다.

지식은 많지만 머리가 나쁜 사람은 상대가 원하는 서랍이 아니라 자신이 좋아하는 서랍만 연다.

물론 서랍 안의 '내용'을 늘리는 노력도 필요하다. 그 전에 다른 사람과 발전적으로 대화를 주고받도록 상대의 흥미에 안테나를 맞추고 유연하게 선택하는 작업을 할 줄 알아야 한다.

그러므로 언제라도 매력적인 대화를 이끌어가려면 의식적으로 단련을 해야 한다. '머리가 나쁜 사람'이라는 소리를 듣고 싶지 않으면 이는 필수 사항이다.

5

다른 사람의 자극에 민감해져라

상대의 흥미와 관련된 똑똑한 대화를 할 줄 알게 되면 상대는 자연히 '저 사람이 말한 영화를 봐야겠다'거나 '이야기하다 나온 그 책을 읽어봐야겠다'고 생각한다. 그렇게 되면 서로 창조적인 관계가 된다.

한번 생각해 보라. 당신은 그런 창조적인 존재인가? 이 질문을 하는 이유가 여자는 항상 남자가 자신에게 창조적인 존재이기를 강하게 원하기 때문이다.

'이 사람은 나에게 어떤 자극을 줄까?'

내가 보기에 여성들은 항상 이런 눈으로 남성을 바라보는 듯하다. 연애관을 말할 때 여성들은 종종 '나를 성장시켜 주는 사람과 사귀고 싶다'거나 '교제를 통해 서로가 발전하면 좋겠다'고 말한다. 이를 두고 여성은 연애에서도 실리를 원한다고 하면 좀 지나칠지 모르겠지만, 여성들은 자신에게 생산적이고 자극을 주는 사람과 관계를 맺고 싶어 하는 성향이 강하다.

하지만 남성은 여성에게 그렇게까지는 바라지 않는다. 요즘 세상에 설마 얌전하고 정숙하고 요리 잘하고, 항상 자신을 받들어 주며 공손하게 무릎 꿇고 앉아 자신이 오기만을 기다려주는 여성이 이상형이라고 말하는 사람이야 없겠지만, 세상의 대다수 남성들은 여성과의 창조적인 관계를 크게 원하지 않는다. 자극이 적은 관계만으로도 만족하지 않을까?

현실적으로 내가 보기에는 남성과 교제한 후 성장했다고 생각하는 쪽은 여성이 대부분이다. "지금까지 정말 고마웠어." 헤어진 후 이렇게 성숙한 모습을 보이며 미소 짓는 쪽은 대개 여성들이다. '헤어지지만 당신과 사귀는 동안 참 많은 것을 얻었어요. 감사합니다'라는 느낌이 많다.

여성들은 교제를 통해 취미가 확장되고 교양을 익혀 자신을 풍요롭게 만들 줄 아는 사고 구조를 가졌다. 사귀는 남자가 마침 재즈 팬이었다고 하자. '재즈를 좋아하는 그'의 재즈라는 정체성에서 영향을 받아 여성은 지금까지 접하지 못했던 음악을 경험한다. 여성은 남성에 비해 아이덴티티 즉, 자신의 정체성에 유연성을 갖는다. 상대와 관계를 맺으면서 자신의 정체성이 좋은 쪽으로 변화해 가는 모습을 즐길 줄 안다는 뜻이다.

그것은 상대에게 영합하는 것이 아니다. 그와 함께 있음으로써 자신의 정체성에 변화가 생겨, 그녀도 '재즈에 흥미를 느끼는 나'가 된다. 상대로부터 받은 자극을 솔직하게 받아들임으로써 즐거움을 알아간다.

물론 남자라고 원래 가지고 있던 정체성에만 매달리는 것은 아니다. 예를 들어, 사귀는 여성이 달콤한 케이크를 찾아다니며 먹는 취미를 가졌다면 그녀와 함께 그 즐거움을 누리면 된다.

창조적인 관계라는 것은 특별히 근엄한 얼굴로 예술을 이야기하는 것만은 아니다. 서로 자극을 주고받으며 정체성을 좋은 쪽으로 바꿔 나가고 거기에서 새로운 즐거움을 알게 되고, 나아가 자기 공부로 이어지는 것을 말한다.

연인과의 교제 방법도 진정한 공부와 두뇌 단련으로 이어진다.

Good study skills

그러므로 수첩을 단순히 잊지 않기 위해 메모하는 비망록으로만 쓴다면 아까운 일이다. 그날 일과에 대한 시뮬레이션이 잘 구성돼 있으면 무엇을 달성해야 하는지가 명확해져서 하루의 업무를 정확하게 처리하게 된다. 수첩을 보는 일이 즐거워진다면 시간을 효과적으로 쓴다는 것을 의미한다.

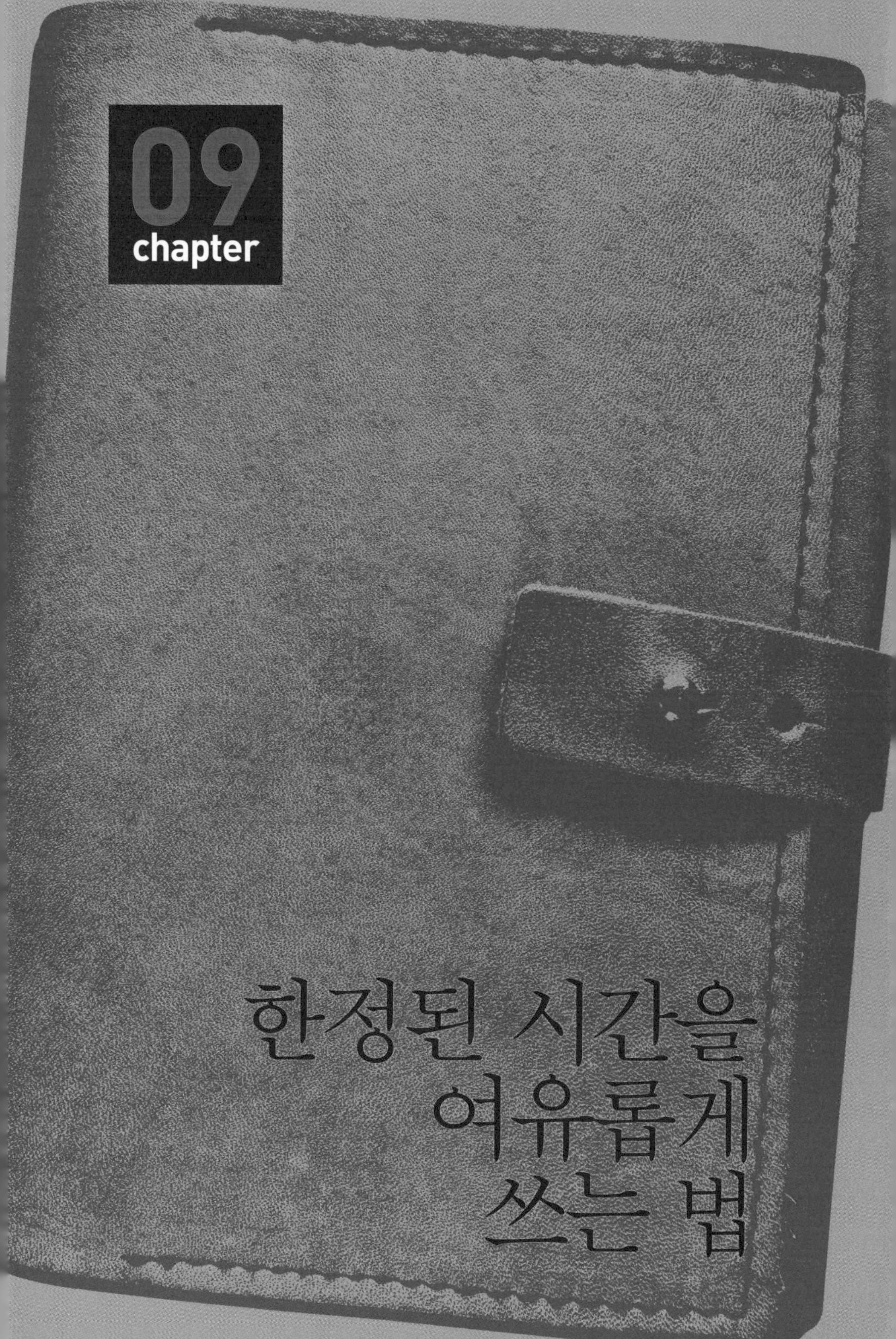

09
chapter

한정된 시간을 여유롭게 쓰는 법

MON

TUE

WED

THU

START ▶▶

FRI

SAT

SUN

1

뭉그적거리는 자유 시간을 확보하자

신은 인간에게 공평할까 그렇지 않을까? 아무리 논의해도 결론이 나지 않는 질문이다. 인간의 자원인 재능은 누구에게나 공평하게 주어졌다고 답하기 어렵다.

하지만 누구에게나 시간만큼은 공평하고 평등하게 주어졌다. 그 점에서 나는 보통 사람들을 보면 약간 부러운 게 있다. 내게는 최소한 예닐곱 시간은 수면이 반드시 필요하다. 헌데 네댓 시간만 자도 충분히 생활이 가능한 사람도 있다. 그런 사람을 보면 부럽기 그지없다. 네댓 시간만 자고도 끄떡없다면 하루를 스무 시간이나 쓰는 셈이기 때문이다. 이 부분은 정신력이라기보다 체질의 문제가 아닐까 싶다.

그래도 수면을 줄일 생각은 없다. 여전히 수면을 위한 시간은 확보해 둔다. 잠을 자지 않으면 하루를 견디기 어렵고 잠을 자는 시간도 나름의 즐거움인 까닭이다.

완벽한 '신체 상태감'을 만드는 것이 두뇌에 좋음은 두말할 나위가 없다. 몸과 마음은 하나의 틀을 이뤄 서로 연결돼 있기 때문이다. 신체가 느끼는 감각은 곧 마음을 다스리는 것과도 연결되기 때문에 수면에 소비하는 예닐곱 시간을 나는 결코 아까워하지 않으려 한다.

어쨌든 절대적인 관점에서 시간은 참으로 평등하게 주어진 자원임에는 변함이 없다. 중요한 것은 사용 방법이다. 수면이 필요하다면 그만큼 시간을 잘 조절해서 효과적으로 쓰려고 노력해야 한다. 그렇다고 단 1분도 빈틈없이 시간을 배분하는 것이 좋다고는 생각하지 않는다.

오히려 매일 차분하게 지내는 시간을 다섯 시간 정도는 가져야 한다. 그 대신 다른 여러 가지 일이나 작업은 가능한 한 능숙한 솜씨로 신속하게 처리하려고 애를 쓴다. 만일 두 시간 분량의 작업이 있을 때 한 시간 만에 끝내면 나머지 한 시간이 남는다. 이를 위해 연구를 해서 조금 힘들더라도 일을 빨리 끝낸다.

그렇게 힘을 들여 만든 시간을 사용하는 방법은 그리 특별할 게 없다. 뭉그적거리며 찻집에서 커피를 마시면서 시간을 보낸다. 이것이 줄곧 고수하고 있는 나만의 방식이다. 이렇게 하면 정신건강에 좋다. 필사적으로 작업에 몰두하는 것도 기분이 좋다. 오히려 두 시간에 걸쳐 느긋하게 일할 때보다 스트레스를 덜 받는다. 퍼즐을 딱딱 끼워나가는 듯한 쾌감마저 들어서 이를 즐긴다.

요컨대 느긋하게 일을 하더라도 지치지만 않으면 상책이라는 생각은 하지 않는다. 너무 피곤해도 안 되겠지만 중요한 것은 상쾌함이다. 나 같은 경우에는 효율적으로 일을 하면 기분이 좋아진다. 그만큼 열심히 일하게 되니 육체적인 피로는 느끼지만 기분 좋게 피곤을 즐기게 된다. 질질 끌면서 일을 하면 이 같은 상쾌함은 얻지 못한다. 피곤하지 않도록 일하자거나 피곤한 건 싫다는 생각에 얽매이면 오히려 더 힘이 든다. 어차피 피곤할 바에는 상쾌하면서도 의미 있는 피곤함을 느끼고 싶다. 이런 상쾌한 피곤함을 느낄 때가 바로 '시간을 효율적으로 사용했을 때'이다. 시간을 낭비 없이 잘 사용하면 '이 시간에 이만큼이나 잘했구나'라고 감동을 한다. 끝마친 일의 내용은 말할 것도 없거니와 능숙하게 시간을 사용했다는 기쁨이 얻어진다.

언젠가 교수 회의에서 보기 드문 일이 있었다. 회의가 끝난 순간, 출석한 사람들이 모두 일제히 박수를 쳤다. 회의가 짧은 시간 내에 끝났기 때문이다. 평소의 교수 회의는 대개 세 시간쯤 걸렸다. 그런데 새로 부임한 학과장은 의사 진행이 원활하고 빨랐다. 겨우 한 시간 만에 회의가 끝나자 모두들 "우와!" 하는 감탄사를 연발했다. 박수를 치는 것이 교수 회의

에서는 흔치 않은 일인데 그 이유가 짧은 시간에 끝났기 때문이라니, 처음 하는 경험이었다. 분명 모두들 상쾌함을 온몸으로 느꼈을 것이다.

이처럼 시간은 매우 귀중하다는 인식을 모두가 가졌으면 좋겠다. 특히 다른 사람과 공동 작업을 할 때는 시간을 잘 사용하도록 노력해야 한다.

2

시간을 '경제관념'으로 계산하라

사회에서는 일반적으로 시간관념에 대해 이야기할 때 지각에 대해서는 매우 엄격하면서도 그 밖의 것에 대해서는 상당히 관대하다. 한 시간이면 끝날 회의나 사전 미팅을 두 시간이나 질질 끄는 등 필요 이상으로 시간을 낭비한다. 효율적으로 회의하지 못할 바에야 아예 하지 않는 편이 낫다는 생각이 들 때도 있다. 쓸데없이 만나 시간을 낭비하면서 지각에 대해서만은 까다롭게 구는 것은 어쩐지 앞뒤가 맞지 않는다.

사실 나는 다른 사람에게 무언가를 강요하는 것이 싫다. 그래서 잘하는 건지 못 하는 건지는 모르겠지만 업무와 관련해서 회의나 사전 미팅을 하지 않는 것이 원칙이다. 요즘은 인터넷이 잘 발달돼 있어서 이메일로 생각이나 요청 사항을 써보내고, 답을 주고받으면 그것으로 충분히 사전 미팅을 대신할 수 있다. 그래서 막상 얼굴을 마주 대할 때는 의견이 꽤 좁혀져서 회의가 잘 이루어진다.

실제로 사전 미팅을 하러 나가보면 단순히 눈도장을 찍거나 인사만 하고 끝나는 경우가 흔하다. 사람들과 얼굴을 마주하는 것도 분명 의미 있는 일이라는 것은 나도 안다. 만나서 친분을 가지면 업무도 부드럽게 진행된다.

그러나 사전 미팅이란 일을 진행시키기 위한 수단이다. 일은 결과를 내는 것이 가장 중요하다. 그러므로 정말 실질적으로 필요한 경우가 아니면 사람과 만나는 일은 생략하면 어떨까? 스포츠로 말하자면 그라운드에 나가자마자 바로 연습을 시작하는 것이다. 연습 프로그램만 제대로 만들어져 있다면 허투루 시간을 낭비하지 않게 된다. 장황하게 인사나 설교를 듣기보다는 바로 행동으로 옮기면 된다.

나는 학창 시절에 테니스 부에서 활동하면서 오랫동안 연습 프로그램을 짜는 일을 했다. 비교적 그런 일에 재주도 있었고 어떤 프로그램으로 연습하느냐에 따라 결과가 다르게 나타나는 것이 재미있었다. 작성할 때에는 여러 가지를 고려했다. '지금까지 이런 연습을 계속 답습해 왔으나 실은 별로 효과가 없었다. 이 기술을 위해서는 이 연습을 해보자. 이를 몇 분간 하자. 다음에는 이 연습이다. 이를 몇 분간 한 후에는……' 등의 방법이었다. 결과나 효과를 항상 의식했으므로 한 그룹이 근육 트레이닝을 하는 사이에 다른 그룹에게는 달리기를 시키는 등 한정된 설비와 시설을 이리저리 나누어 활용했다. 쓸데없는 대기 시간이 없도록 머리를 썼다.

1학년에게는 으레 하는 공 줍기를 시키지 않았다. 가장 서툰 이들이 공 줍기만 하다가는 실력이 더 늘지 않을 게 뻔했다. 마음에 들지 않아서 “그만하고 전원이 줍는 게 빠르겠다”라고 제안해 공 줍기를 그만두게 했다. 그 후에는 자꾸 공을 치는 연습을 시켰다. 합리적으로 생각했으니 당연히 좋은 결과가 나왔다.

연습 프로그램을 만들 때는 고려해야 할 사항이 많다. 한 사람 한 사람의 능력과 상태, 그날의 날씨와 환경 등을 종합해서 정한다. 해보면 심오한 구석이 있다. 그 중에서도 가장 중요하게 생각해야 할 요소는 바로 시간이다. 짧은 시간 안에 효율적으로 연습할 수 있도록 분당 혹은 초당 메뉴를 짠다. 결과적으로 시간 사용법에 대한 내 ‘경제관념’은 상당히 냉엄해졌다.

3

시간 도둑을 절대 허용하지 말 것

시간에 대한 내 경제관념에서 보자면 많은 사람들이 시간 배분에 대해 막연하게 생각하는 듯하다. 스포츠 연습이나 회사 일에서도 무심코 시간을 낭비한다.

아무리 중요한 이야기라도 1분이면 전달이 가능하다고 확신한다. 길어도 2, 3분이면 끝난다. 그 이상을 넘어 계속 떠든다면 듣는 사람이 귀찮아 한다. 그런데 대부분의 사람들은 그 사실을 깨닫지 못하고 눈치 없이 긴 시간을 낭비한다. 만일 자신이 몇 분, 몇 시간을 헛되이 버리고 있다는 사실을 확실히 자각한다면 '이렇게 긴 시간을 떠들었나?'라며 놀랄 것이다.

장황하게 쓸데없이 길게 말하는 사람을 대할 때면 나는 가끔 '다른 사람에게 자유로운 시간을 주지 않으려는 계략인가?'라는 생각마저 든다.

'내 이야기가 빨리 끝나면 이 녀석은 데이트라도 갈 테지? 남 잘되는 꼴을 보느니 차라리 계속 회의를 지연시켜야겠다. 회의가 밤 아홉

시까지 이어지면 데이트는 취소되겠지. 히히히.'

쓸데없는 이야기를 늘어놓는 사람의 머릿속이 어떨까 상상해 보면 이런 망상까지 떠오른다. 그렇게 느껴질 만큼 시간을 낭비하게 만드는 사람이 많다. 업무든 뭐든 얼마든지 빨리 끝낼 일인데도 빨리하는 것 자체가 잘못이라고 여기는 사람도 있다.

일이 별로 빡빡하지 않은 대신에 오후 5시까지 자리에 앉아 있어야 하는 직장일 경우, 3시에 일을 끝내면 두 시간의 짬이 생긴다. 이때 '같은 월급을 받으면서 더 많은 일을 하기도 싫고, 일 없이 두 시간이나 노는 듯한 인상을 주기도 싫다. 시간 내내 뭉그적대며 일을 지연시키는 것이 상책'이라고 생각될 것이다. 그래서 어떻게 하면 5시에 맞춰서 일을 끝낼까를 연구하는 직원들이 있는 회사도 분명히 존재하리라. 잘만 유지된다면야 나쁘지 않다. 직원들의 자율성을 존중하는 분위기라서 용납이 될지도 모른다.

하지만 점점 그렇게 해서는 살아남기 힘든 세상이 되어간다. 컴퓨터가 발달해서 효율성이 좋아졌으니 업무가 줄어들 것 같지만 의외로 업무는 오히려 더 늘어났다. 1인당 업무량 자체가 증가했다.

그렇다면 내 방식의 느긋한 시간을 확보하기 위해서라도 더욱더 시간을 쓸데없이 사용하지 말아야 한다.

4

일상생활에 스톱워치를 활용하라

이 책은 성공을 위해 맹렬히 일만하는 '미국식 비즈니스 엘리트'처럼 잠을 줄여서라도 일하는 시간을 만들어내는 방법을 고민하는 내용이 아니다. 어디까지나 자유롭게 쓸 시간을 남기기 위해서 시간을 효율적으로 쓰자는 이야기를 하고 있다.

그러려면 시간을 질질 끌어서는 안 된다. 시간을 구분해서 기록해야 한다. 다이어트를 할 때 상황을 자각하기 위해 체중을 기록하는 것과 마찬가지로 스톱워치로 시간을 나누고 기록하는 것이다. 이를 '레코딩 다이어트' 혹은 '스톱워치 다이어트'라고 부르기로 하자. 요컨대 '시간 다이어트'이다. 지금 하는 작업에 시간을 얼마나 썼는지 전부 스톱워치로 기록한다. 사전 미팅이든 회의든 또는 평소 사무실이든 상관없다. 스톱워치를 손에 들고 모든 시간을 재보자.

평소 일할 때 스톱워치를 쓰는 사람은 천 명 중 한 명도 없다. 대개는 생각조차 한 적이 없을 것이다.

그러나 스포츠의 세계에서 스톱워치 사용은 상식이다. 이는 지극히 객관적인 척도로서 모든 분야에 쓸모가 있다. 효과는 확실하다.

회의를 예로 들어보자. 회의가 끝났을 때 "오늘 회의는 2시간 40분 걸렸습니다"라고 회의에 소요된 시간을 알린다. 전원이 인식할 필요가 있으므로 기록만 하지 말고 입으로 말해야 한다. 이렇게 하면 우선 쓸데없는 이야기를 줄이게 된다. 또한 회의에 소요되는 시간이 짧아진다. 나는 실제로 출석자에게 "오늘은 몇 시간이 걸렸습니다"라고 발표한 경우도 있다. 분위기는 나빠질지 모르지만 속도는 확실히 빨라진다.

한편으로는 무슨 일에든 스톱워치를 꺼내 들고 시간을 재며 효율을 높이겠다고 하면 아무래도 비인간적으로 보이고 시간에 쫓기는 사람이라는 이미지를 만든다. 화장실 갈 시간까지 줄여야 한다면 분명 주객이 전도되었다.

물론 이 다이어트가 그런 이익지상주의를 추구하는 것은 아니다. 오히려 인간적인 시간, 의미 있는 시간을 확보하기 위해 낭비를 없애자는 의도이다. 이를 위해서 스톱워치로 확인하자는 것이다.

바꿔 말하면 업무의 밀도를 확인해야 한다.

밀도 = 업무량 ÷ 시간

정확한 상황을 알려면 역시 스톱워치라는 도구를 사용해야 한다. 회의에서는 한 사람이 스톱워치를 들고 시간 측정을 전담해서 발언이 시작되면 버튼을 누르고 이야기가 끝나면 다시 누른다. 누가 장황하게 발언하는지 분명해지므로 그것이 압력으로 작용해 말 내용의 밀도가 확실히 높아진다. 그렇다고 미움받을 걱정은 하지 않아도 된다. 말을 너무 많이 하던 당사자만 싫어할 것이다. 긴 이야기나 늘어지는 회의에 진저리를 치는 사람들이 대부분이므로 아마 다들 대환영할 것이다.

장기를 둘 때처럼 커다란 스톱워치를 모두가 보이는 곳에 두고 참석자 앞에 스위치 버튼을 일렬로 세워두면 더 효과적일지도 모른다. 발언하는 사람이 스스로 버튼을 누르고 끝나면 다시 버튼을 누른다.

이렇게까지 말하는 것은 너무나 많은 사람들이 남의 시간을 빼앗는 사실에 무신경한 탓이다.

5

원서를 읽는 가장 효과적인 방법

영어 공부법, 특히 읽기 능력을 익히는 데도 스톱워치를 활용한 '빨리 낭독하기'를 추천한다. 같은 부분을 몇 번이고 낭독하고 한 단락별로 낭독 속도를 측정해서 초를 줄여나간다. 이처럼 같은 문장을 몇 번이고 반복해서 읽다보면 세 번쯤 읽었을 때는 처음 읽었을 때보다 훨씬 빨라진다. 속도가 빨라진다는 것은 그 부분의 어휘에 상당히 익숙해졌음을 의미한다. 같은 문장을 다섯 번, 열 번 읽으면 단어가 머릿속에 들어왔기 때문에 문장의 뜻을 파악하는 능력까지 생긴다.

처음부터 영어로 의미를 파악하면서 원서를 읽으려 하면 좌절하는 사람이 부지기수다. 모르는 단어를 사전에서 찾아가며 읽는 일은 꽤 귀찮기도 하다. 여기서부터는 '비밀'인데 도전하는 원서의 번역본을 사서 어느 부분이든 좋으니 읽는다. 그 후 해당 부분의 원서를 빠르게 낭독한다. 이렇게 먼저 3~5회 반복해 보라.

우리말로 예습해서 단어의 대략적인 의미를 상상하는 분량은 두 페이지 또는 한 페이지 정도밖에 되지 않으니 반드시 해보기를 바란다.

그리고 이 번역본을 통한 예습과 원서의 해당 부분을 원어로 즉석에서 낭독하는 방식을 몇 번이고 반복한다. 이때 단락에 일련번호를 붙이면 좋다. 예컨대 1장의 단락이 37개로 나뉘어 있다고 하면 번역된 책도 기본적으로 37개의 단락으로 나누어졌다. 그러므로 대조해야 할 문장과 단어가 쉽게 찾아지고 문장의 의미도 확실하게 파악할 수 있다. 한 페이지가 길다면 단락 하나씩만 해도 된다.

아울러 나는 번역본에서 재미있는 부분에 녹색 선을 긋고 그에 대응하는 영어에도 녹색 선을 긋는다. 이렇게 하면 원서를 읽는다는 만족감이 더 크게 느껴져서 기분이 좋다.

6

공간의 힘을 활용한 틈새 공부법

시간 감각은 지적 단련과 직결된다. 시간을 구분하는 습관을 들이면 공부도 효율적으로 할 수 있다. 잘만 연구하면 스톱워치가 없어도 가능하다.

나는 일하는 장소로 찻집을 자주 이용한다. 시간 구분을 하기 쉽기 때문이다. 찻집은 일을 마치는 시간을 설정하기가 쉽다. 집에도 서재로 쓰는 방이 있기는 하지만 왠지 그곳에서는 일이 잘 안 된다. 아마 온전한 내 영역이다보니 유유자적해지기 쉽기 때문인 것 같다. 내 방에서는 오히려 시간을 구분짓는 일이 부자연스러운 느낌마저 든다. 찻집에 가면 보통 한 시간에서 한 시간 반쯤 앉아 있는다. 다음 업무를 하기까지 막간을 이용해 찻집에 들어간 경우라면 30분 정도가 될 때도 있지만 대부분 두 시간 이하다. 이 두 시간이 짧게 느껴지지 않는다.

거기서 나는 '여기까지 끝내자'라고 업무량을 정한다. 서재와 달리 끝낼 시간이 정해져 있어서 서두르게 된다. 업무 속도는 정해져 있지 않다. 다만 업무량에 따라서 아주 빠르게 처리할 때도 있다.

찻집에서 일이 잘되는 또 한 가지 이유는 사람들에게 둘러싸여 있다는 긴장감 때문이다. 하지만 아주 분위기가 좋고 조용한 찻집에서 혼자 몰입해서 일하는 건 삼가는 편이다. 반대로 사람들의 출입이 잦고 소란스러운 찻집도 맞지 않는다.

외출할 때는 업무자료 따위를 클리어파일에 정리해서 가지고 나간다. 시간이 조금이라도 나면 파일을 꺼내 일을 하는데 이를 '틈새 공부법'이라 부른다. 특히 잡무는 그런 자투리 시간에 처리한다. 일부러 밤중에 패밀리레스토랑에 가서 귀찮은 서류를 작성할 때도 있다.

즉, 공간의 힘을 이용해 시간을 구분하는 것이다. '그때까지는 이것, 그때부터는 이것' 식으로 일의 순서를 정한다. 그리고 이 같은 구분을 계속 수첩에 적는 습관을 들인다. 이렇게 하면 효율적인 업무에 대한 의식이 한층 높아진다.

7

수첩 하나로 만드는 완벽한 하루

아침에 일어나 하루를 아무 생각 없이 시작하는 사람이 많다. 일이든 뭐든 다 그렇지만 그날을 충실히 보내려면 계획과 일의 방식을 잘 짜는 것이 우선이다. 이때 수첩을 잘 활용해 보자. 생각보다 단순한 방식이다. 우선 하루를 시간으로 나눈다. 구분 방법은 예정된 일정별로 사각형 테두리를 친다. 그리고 3색 볼펜으로 분류한다. 예를 들자면 다음과 같다.

- **8시~10시 공부 : 빨간색 사각형**
- **12시~1시 미팅 : 파란색 사각형**
- **5시~7시 조별 공부모임 : 녹색 사각형**

색깔은 좋아하는 대로 정하면 된다. 예컨대 이런 식이다.

- **빨간색 : 주 업무와 중요한 일**

- 파란색 : 머리를 쓰는 일
- 녹색 : 일상 업무

이렇게 스케줄을 분류하면 행동의 의미와 중요도가 확실하게 정리된다. 그러면 쓸모없는 행동을 하지 않게 된다. 수첩에 하루 분량을 다 적으면 그 순간 그날 일과에 대한 시뮬레이션모의 연습도 완성된다.

그러므로 수첩을 단순히 잊지 않기 위해 메모하는 비망록으로만 쓴다면 아까운 일이다. 그날 일과에 대한 시뮬레이션이 잘 구성돼 있으면 무엇을 달성해야 하는지가 명확해져서 하루의 업무를 정확하게 처리하게 된다. 수첩을 보는 일이 즐거워진다면 시간을 효과적으로 쓴다는 것을 의미한다.

단순한 스케줄일 경우, 엄청나게 바쁜 사람이 아니라면 일일이 수첩에 적지 않아도 기억할 수 있다. 기껏해야 사람을 만나는 스케줄 정도라면 기록할 필요가 없을지도 모르겠다. 하지만 시간적인 순서와 중요도는 다르다. 수첩 위에 빨갛게 혹은 파랗게 스케줄을 색으로 구분하는 것은 우선순위를 정할 때 필요하다. 중요한 점은 그 작업을 당일 아침 혹은 전날 밤에 해둬야 한다는 것이다. '오늘은 누구누구를 만난다', '몇 시까지 이것 이것을 정리한다', '누구에게 메일로 보고한다'라고 일일이 기억하는 일 자체가 머리에 부담이 된다. 그런 메모리 작업을 수첩에 맡기면 부담이 훨씬 가벼워진다.

시험공부를 할 때도 메모의 효과는 크다. 기말시험이라면 2주 전부터 입학시험이라면 1년 전부터다. 누구나 이 같은 시험 예정표는 많이 만들어보았을 것이다. 그러나 어른이 되면 귀찮아서 그런 것들을 만들지 않는다. 하지만 실천에 옮겨 보면 그리 큰 부담은 아니다. 근무처에 도착하면 수첩에 줄줄이 쓰라. 하루를 색깔별로 구분하는 작업만으로도 머리의 부담이 즐거움으로 변하고 일이 잘될 것이다. 조금 멋을 부린다면 30분쯤 빨리 도착해 근처의 멋진 카페에서 차라도 한잔 마시며 수첩을 펼쳐보는 것도 좋으리라. 이것만으로도 한 걸음 더 창조적인 비즈니스맨에 가까워진다.

Good study skills

공부는 좁거나 작고 딱딱하지 않아야 한다. 한눈팔지 않고 공부해 온 것이 있다면 잠시 제쳐두라. 새로운 것을 흡수하라. 이것은 원래 하던 공부에도 분명 상승효과를 가져다줄 것이다. 이 경우에도 수첩을 잘 활용하기 바란다. 2주일을 한눈에 보는 형식이라면 더 좋다.

10
chapter

올라운드 공부법을 추구하라

★ 올라운드(all-round)란, 운동 경기에서 어떤 기술에도 골고루 통달하는 일을 말한다.

MON

TUE

WED

THU

START ▶▶

FRI

SAT

SUN

1

능률 200% 향상, 기적의 예습법

'예습 복습이 중요하다'는 말은 학교에서 누구나 듣는다. 그렇다면 예습과 복습 중 어느 쪽이 더 중요한지 묻는다면 예습이 더 중요하다고 답하겠다. 미리 예습을 해두면 실제 업무에서 정보 흡수율이 높아진다. 게다가 '나는 앞서 가고 있다'는 건강한 의미의 우월감을 갖게 되므로 심리적으로 여유가 생긴다. 효율을 저해하는 심리적 스트레스는 없을수록 좋으며, 예습을 해두면 동료들보다 한 발 앞섰다는 자신감이 생겨 실제 업무에 가해지는 부담은 적고 결과는 커지기 마련이다.

'뒤처졌다!'라고 스스로에게 압력을 줘서 분발하기보다는 '내가 1인자다, 발전하고 있다, 지금으로서는 1등이다!'라고 생각하고 열심히 하는 것이 집중력 상승에 더 효과적이다. '할 수 있다'라고 생각하면 더 빠르다. 예습을 해두면 '지도' 그리기가 가능해지고 예측도 가능해진다. 예측이 가능해지면 '알 수 있다.' 이해란 원래 '예측'을 통해 이루어지며 예측함으로써 문맥이 파악되는 것이다. 이해력이 있는 사람일수록 예측해서 받아들인다.

사실 예습과 복습 이외에도 업무 능력은 '학교에서 배운 것'의 연장이다. 허나 대부분의 사람들은 학교에서 배운 능력을 잘 살리지 못한다. 그러나 그것을 잘 살린다면 결과는 눈에 띄게 달라질 것이다.

우리는 학교에 다닐 때 노트에 적어 기억하기를 연습했다. 사실 업무를 할 때도 일의 방법이나 순서를 노트나 종이에 적어 붙여두면 머리에 쏙쏙 들어간다. 원래 업무란 '업무 매뉴얼'이 정해져 있어서 유능하다고 생각되는 선배가 일하는 모습을 지켜보며 '일하는 방법'을 메모해 도용하면 된다. 그런 후 자기가 지시받은 일에 대해 설명을 들을 때 '여기는 중요하다'라고 이중 동그라미(◎)를 치고, '이 순서는 이럴 경우 이렇다'라고 고쳐 쓴다. 그 정도만 해도 다른 사람들과 큰 차이가 생긴다.

예를 들어 매일 반복하는 단순 업무인데도 어찌된 영문인지 늘 같은 실수를 저지른다고 하자. 그 경우에는 실수의 패턴을 '글로 써서' 책상 앞에 붙여두기만 해도 달라진다. 그렇게 하면 내 안에서 정리 복습이 가능하고, "저는 이런 실수가 많은데 어떻게 하면 좋을까요?"라고 선배나 상사에게 질문할 수도 있다. 자신의 실수를 회피하지 않고 메모하고 자각하고 인정하고 나아가 선배에게 상담까지 하는 부하는 흔하지 않다. 이 점에서 상사에게 인정을 받아 신뢰 관계까지 형성되니 일석이조이다.

2

능숙한 질문에는 '정리함' 기능이 있다

직장에 대화 상대가 있다면 공부를 하는 데 더욱 도움이 된다. 머릿속에 든 내용은 타인에게 이야기하는 과정에서 정리된다. 정리란 원래 '분류'하는 일이며 분류하기 위해 우리가 주로 사용하는 것은 '말'이다. 생각만 하고 있을 때에는 그저 막연했던 것이 다른 사람에게 전하려고 말로 표현하는 순간 머릿속에 '정리함'이 만들어져서 명쾌해진다.

서로 말이 통하는 상대, 푸념을 들어주는 상대가 아니라 서로의 머리를 정리하기 위한 이야기 상대, 서로 정리함이 되어주는 상대가 필요하다. 직장에서 점심시간에 혹은 오후 3시경의 커피를 마시는 10~15분 정도만 대화를 나누어도 남은 두 시간의 업무를 어떻게 해야 할지가 머릿속에 그려진다. '어떤 결과를 내면 좋을까?', '무엇을 위해 무엇은 하고 있는가?'를 확실하게 하는 것이 말을 통해 정리하는 목적이다.

나는 스포츠 코치로 오랫동안 일했는데 연습을 하면서 "지금 무슨 생각을 하면서 연습하지?"라고 선수들에게 종종 묻고는 했다. "특별히 생각하는 게 없습니다"라는 대답이 돌아올 때면 "생각을 하지 않으면 절대로 잘하지 못한다. '오른쪽 팔꿈치'든 '공의 착지 타이밍'이든 '중심발'이든 어디에 주목할 것인지 정하고 연습해라. 자, 다음 열 개의 공은 '중심발'에 집중해서 연습해 보자"라고 조언한다.

즉, 결과를 의식해서 '무엇을 위해 연습하는지' 명확하게 파악하고 그 얻고자 하는 결실에 대해 끊임없이 상기하는 것이다. '열 번 중에 가장 잘한 것은 몇 번째인가?'라고 물어서 "세번째와 네번째입니다"라는 대답을 들으면 "자, 그 중심발의 느낌을 잘 기억해 두도록!"이라고 지시한다. 효과적인 중심발의 감각을 얻었으면 이를 100~200번쯤 연습하면 대부분 자연스럽게 자리가 잡힌다.

만일 내가 기업에서 일했다면 "지금 무엇을 위해 무엇을 하고 있는가?"라는 질문을 하며 부하들 사이를 돌아다니는 상사가 되었으리라. "지금 이것을 위해 이것을 하고 있습니다"라는 대답을 들었다면 "그럼 그것을 하기 위해 무엇에 신경을 쓰며 어떤 연구를 하고 있는가? 지금 문제는 질인가 양인가?"라고 물을 것이다. 아마도 일하는 입장에서는 막연하게 하던 일을 말로 '분류'하며 의식적으로 일해야 하니 상당히 번거로울 것이다.

하지만 성가시다고 미움을 받더라도 이것이야말로 올바른 상사의 자세다. 괜히 '관리'한답시고 압력을 주는 것이 아니라 '질문'을 함으로써 말로 정리하게 만들고 의식을 일깨워 줘야 한다. 그렇게 하면 신기한 일이 생긴다. 질문에 답하지 못하면 체면을 구기게 되니 싫어서라도 다음에 질문을 받았을 때는 '지금 무엇을 하고 있고 그것은 무엇을 위한 것이며 그것을 위해 어떤 연구를 하고 있는지' 이 세 가지 답을 반드시 준비하게 된다.

3

한정된 지식을 조합하는 것이 능력

공자님 말씀에 "술이부작述而不作"이라는 말이 있다. '술述'이란 옛날의 현인들이 한 일을 정리하는 것이고, '부작不作'이란 스스로 창작하지 않는다는 뜻이다. 즉, 자신은 이미 있었던 일을 기술할 뿐 새롭게 만들지 않는다는 것을 의미한다.

현대를 사는 우리의 눈에는 공자야말로 지금 봐도 매우 창조적인 현자이다. 그렇다면 술이부작을 자처한 공자는 그러한 창의성을 어떻게 만들었을까?

이는 젊었을 때부터 몸에 밴 지식 습득과 다독의 습관을 통해 얻은 지식을 '조합'함으로써 현실을 파악했기 때문이다. 단순히 책을 읽기만 하지 않고 책에서 읽은 지식을 조합해 현실에 적용하고, 언제든 이를 활용하도록 생생한 상태로 간직하는 일쯤은 누구나 가능하다. 책을 읽어도 현실에 적용이나 응용을 하지 않는다면 읽은 결과가 '사멸'해 버리니 얼마나 아까운가. 말하자면 도서관의 '폐가식 서고'에 지식을 보관한 꼴이다. 이렇게 되면 지식은 제대로 창조적인 응용으로 이어지지 않는다.

그렇다면 자신의 업무와 기업 활동에서 기존의 지식을 조합해서 '창조적인 것을 만들어 내는' 실천을 어떻게 하느냐가 문제다. 동시대에 활약하는 사람들의 활동과 자신의 일상적인 활동을 '결부시키는' 연습을 시험 삼아 해보면 어떨까?

구체적으로 기업의 강연회에서 지금 활약 중인 스포츠 선수 이야기를 들었다고 하자. 그럴 때 그의 트레이닝 방법을 모범 삼아 이를 '모두가 낭비 없이 일하는 시스템'으로 구축해 기업에 적용시켜 보는 것이다. 이러한 작업은 지식의 '수용자'가 능동적으로 하는 것이 중요하다. 능동적으로 변환시키지 않으면 아무리 일류 선수의 이야기를 들었다 해도 '아, 대단한 방법이다. 열심히 했구나. 하지만 나한테는 무리다'라고 생각하고 끝나버린다.

4

고전을 오늘의 현실에 적용해 보기

역사에 길이 남아 지금까지 대대로 전해 내려오는 '오래된 무언가'에는 공통점이 있다. 그러한 물건들은 시대를 불문하고 사람들의 심금을 울릴 만한 맥락을 가졌거나 사람들의 '마음'을 자극해서 감동을 잘 살려낸다.

한 가지 예를 들어보자. 내가 가르치는 대학에서 학생들에게 『논어』를 읽게 한 적이 있다. 『논어』를 제대로 읽어본 학생이 거의 없는 상태였지만 전편全篇을 읽고 그 중에서 자신이 좋아하는 부분을 골라 이를 자신의 에피소드와 결부시키고 그 의미에 대해 발표하게 했다. 몇 몇 학생들을 차례로 시켰더니 다들 다른 사람의 발표를 듣고는 자신이 대충 읽고 넘어간 부분에 많은 의미가 숨겨져 있다는 사실을 재발견하고 감동하는 눈치였다.

그렇게 전체를 보게 된 많은 학생들은 마지막 수업 시간에 제출하는 감상문에 "『논어』가 정말 좋았다"고 쓴다. 공자가 먼 시대의 사람이라는 생각이 들지 않고, 지금 이 시대에 살면서 충고를 해주는 듯한 기분이 들었고 『논어』가 오늘날에도 당장 적용되는 지혜들로 가득 차 있다는 사실에 놀랐다는 감상이 대부분이다. 지금으로부터 약 2,500년 전에 살다 간 인물이 남긴 말이 현대를 사는 자신의 일상에서도 얼마든지 적용 가능하다는 실감과 경험은 삶에 대한 일종의 자신감으로 이어진다. 게다가 이미 오래전 세상을 떠난 저자와 '연결되어 있다'는 느낌, 일본 수필문학의 대표작인 『도연초徒然草』의 요시다 겐코와 연결되거나 마키아벨리와 연결되었다는 느낌을 갖는다는 건 매우 기쁜 일이다.

이렇게 지식인들과 연결되면 '내 사고방식도 크게 틀리지 않았구나', '인류 역사 속에서 나도 크게 잘못 살고 있지는 않구나'라는 것을 알게 된다. 그러면 마음이 든든해지고 의지할 곳도 생긴다. 이는 커다란 자신감으로 이어지고 생활력도 강해지며 직장의 업무 능력과도 연결된다.

5

글쓰는 능력이 곧 승진으로 가는 길

회의록의 비밀에 관해서 아는 사람이 별로 없는 듯하다. 사실 회의록 쓰는 능력을 가지면 윗사람에게 좋게 보여서 중요한 자리에 임용되는 경우가 많다. 대부분의 사람들은 귀찮다는 이유로 메모를 하지 않으려 하지만 회의 때 노트북을 가지고 내용을 즉석에서 기록하고, 회의가 끝나면 출력해서 전원에게 배포하는 일은 어느 정도 능력만 있어도 누구나 가능하다. 실제로 그렇게 해주는 부하나 후배가 있으면 큰 도움이 된다. 회의가 끝난 후 모두가 확인하고 공유할 수 있도록 요점을 필기하는 능력, 곧 '현장에서 쓰는 능력'은 사실 비슷비슷한 젊은 직원들 가운데서 인재로 발탁되고 중용重用되는 비결 중 하나이다.

높은 자리에 있는 사람일수록 말은 많이 하면서도 메모하기를 귀찮아 해서 자신이 무슨 말을 했는지, 그에 대해 어떤 제안이 있었는지, 발언에 대해 자신이 어떤 행동을 해야 하는지를 나중에 확인하지 못해 곤란해 하는 경우가 많다. 그럴 때 자기 대신 누군가 회의록을 적어 보여준다면 편하다고 느낄 것이다. 그런 비서 역할을 하는 존재에게는 한 번 더 눈길이 가게 되고 당연히 출세도 빨라진다.

뿐만 아니다. 무엇보다도 현장에서 글을 쓰는 것은 본인에게도 공부가 된다. 쓰기를 통해 스스로 문제의 정리가 가능해지고 자신의 의견이나 입장도 명확해진다. 이렇게 정리된 의견을 상부에 제안한다면 그런 직원들이 비교적 많지 않아서 확연히 눈에 띌 것이다.

6

시간을 버는 데 효율적인 '구분법' 시스템

두말할 필요도 없이 일을 질질 끌며 산만하게 해서는 효율이 오르지 않는다. '구분지어' 몰두하는 것이 중요하다. 일에는 '질적'으로 구분하는 방법과 '양적'으로 구분하는 두 가지 방법이 있다.

우선 질적으로 구분하는 방법은 서로 다른 활동을 번갈아 하는 것이다. 회의로 지친 머리와 접대로 지친 머리는 전혀 다르다. 또 사무적인 일에서도 기획을 하느라 지친 머리와 데이터 입력을 하느라 지친 머리는 다르다. 기획을 하느라 머리를 쓴 뒤에는 기획과 관계없는 일을 하는 것이 좋다. 성질에 따라 일을 분류하고 구분된 각각의 일을 위해 시간을 분배하는 것이다.

예를 들면 오전 시간은 자신의 골든타임이니 10시부터 12시까지 창조적이고 머리를 쓰는 일부터 먼저 하겠다고 정한 후 실행한다. 또 3시부터 4시까지는 긴장이 풀리는 시간대이므로 이때 밀린 문제를 처리하며, 월요일에는 사무 처리를 집중시키는 등 '시간을 묶어서' 분류한 업무를 배분한다.

마치 쓰레기를 분리수거하듯 업무를 성질에 따라 정리한 후 비슷한 성질의 업무들끼리 한데 모은다. 소각용 쓰레기와 비소각용 쓰레기처럼 머리를 쓰는 방법에 따라 업무를 나누고 그렇게 나눈 것은 나란히 두지 않도록 '배열'한다.

한편 양적으로 구분하는 경우에는 '일정하게 주어진 양을 해치우며' 구분하도록 목표를 잡아야 한다. 이때는 작업 속도를 높이는 일을 일종의 스포츠라고 생각하고 '재미있다, 기분 좋다'라고 느끼는 방법이 가장 효과적이다. 양적으로 나눠서 3시까지 끝내자거나 혹은 어느 정도 시간이 필요한 일이라면 몇 개의 '시간 덩어리'를 만들어서 그곳에 '양'을 할당한다.

나중에 집중하는 시간을 만들기 위해서라도 일부러 집중하지 않는 시간을 만들어 머리는 쓰지 않고 수동적이고 기계적인 작업만 반복하는 시간을 확보한다. 특히 양이 많은 비교적 단순한 작업의 경우에는 빨리 완성하는 데 이 방법이 효과적이다. 이를 실행하기 위해 나는 수첩을 사용하는데 자신이 할 만큼 시간 비율을 짜서 '머리를 쓰는 작업'과 '머리를 쓰지 않는 작업'으로 나누어 구분한다.

이처럼 '양'을 목표로 하면 다른 사람보다 속도가 빨라진다. 그렇게 하면 '저 사람은 일을 잘한다'는 평가로 이어진다. 꼭 권하고 싶은 방법이다.

7

단호하게 마감 시간을 도입하라

모든 업무를 '구분'해 생각하면 상사도 멍하니 있지만은 못한다. 필연적으로 상사에게도 나름대로의 자기 관리가 필요하다.

나는 어느 회사에서 회의 방식에 관한 지도를 하면서 '어떻게 하면 야근을 줄일까?'라는 주제를 가지고 의견을 나눈 적이 있다. 그러자 한 가지 날카로운 지적이 나왔다. '상사의 판단이 느리다. 이것이 야근을 늘리는 요인이다'라는 것이다. 그 밖에도 원인은 여러 가지가 있었지만 어쨌든 항상 상사의 결정이 떨어지지 않아서 오래 기다려야 하고 그 결과 야근을 한다는 것이다. 지시를 받아 움직이는 부하 직원에게는 그것이 가장 힘들다고 한다.

특히 저녁 5시가 지나서 지시를 받게 되면 끔찍하다. 슬슬 정리하는 시간에 업무를 시키면 웃는 낯으로 선뜻 시작하기가 어렵다. 더구나 늦게 시작했으니 시간이 부족하고 서두르다보면 실수도 늘어난다. 좋을 게 하나도 없다는 말이다. 누구라도 싫어할 게 뻔하다. "빨리 판단을 해 주면 일도 빨리 처리한다. 상사가 결정을 내리기까지는 일을 시작하지 못하니 꾸물대며 시간을 낭비하는 결과를 초래한다"는 부하 직원들의 절실한 의견이었다.

그렇지만 단순히 '빨리 판단을 내려주십시오'라고 상사에게 요구하는 것만으로는 효과를 보기 어렵다. 그렇게 하지 않게 만드는 단호한 시스템이 필요하다. 그래서 나온 아이디어가 마감 시간이다.

예컨대 상사가 판단 내리는 시간을 오후 3시까지로 한정해 보자. 3시를 넘긴 사항에 대해서는 그날 지시를 내리지 못하게 모두가 정한다. 업무에는 어쨌든 마감일과 마감 시간을 정하는 것이 상식이다. 일을 보다 잘 진행하고 돈을 더 많이 벌기 위해서는 놓쳐서는 안 될 타이밍이라는 것이 있다. 상사는 싫더라도 시간을 의식하고 스스로 결정을 서둘러야 한다.

8

시간은 기록하는 것만으로도 관리가 된다

'결정'하지 않으면 '행동'을 못한다. 상사뿐 아니라 우리들 각자도 입장을 바꿔보면 사정은 똑같다. 판단을 해야만 다음 행동으로 옮길 수 있다.

때로는 확신을 갖지 못해 자신이 해야 할 선택이 우물쭈물 늦어지는 경우도 생긴다. 결정해야 할 때 결정하지 못하면 행동은 멈춰버린다. 그로 인해 어려움에 처하는 것은 자신이다.

그런 의미에서 시간을 만드는 방법은 의사 결정과 매우 깊은 관계임이 드러난다. 시간 구분을 잘하는 사람은 의사 결정도 잘할 뿐더러 결정도 빨리 한다. 반대로 시간 구분을 할 줄 모르는 사람은 의사 결정에 서툴다. 특별히 '빨리'할 필요가 없는 의사 결정일 경우에는 '이것을 결정하면 이렇게 움직이겠구나'라거나 '이렇게 하기 위해서는 무엇을 결정해야 하는가?' 등을 종이에 적는다. 만약 다른 사람과 공동으로 작업하는 경우에는 적어둔 것을 메일이나 다른 방식으로 그때그때 사람들에게 전달하는 게 좋다. 그러면 상대도 그것을 받아들이고 잘 따라 움직인다. 이렇게 하면 업무를 쉽게 마친다.

이와 같이 자기 혼자 상사의 역할과 부하 직원의 역할을 모두 하기 위해서는 '시간을 눈에 보이는 형태로 관리'하는 노력이 필요하다. 시간을 기록하고 정리하고 한데 모으는 작업은 시간 관리에 매우 효과적이다.

9

14일이라는 시간을 완벽하게 쓰는 법

공부를 진행하는 방법에도 '마감 시간'의 사고방식을 응용해 보자. 우선 2주일을 하나의 단위로 정한다. 2주라는 시간은 여러모로 적당한 기간이다. 뭔가 시도하려고 할 때 그 의지가 지속되는 단위로서 1개월은 조금 멀다. '언젠가 올 미래' 같은 기분이 들어 자칫 잘못하면 중간에 흐지부지해진다. 1주일은 반대로 너무 짧아서 바쁘다. 2주 정도면 의식도 지속되고 의욕도 가질 만한 기간이다. 책을 읽든 어떤 흥미로운 것을 공부하든 그 정도 시간이면 계속해서 할 만하다.

모티베이션motivation, 동기부여 즉, 의욕이 지속되는 동안이 바로 '공부를 할 때'라고 생각한다. 이런 이유로 2주일을 단위로 정했다. 보통 무언가 공부하고 싶은 '분위기'가 지속되는 기간은 2주가량이다. '영어 원서를 읽자'고 생각하면 이 정도가 딱 알맞다. 그 2주일에 맞게 속도를 조절한다.

2008년, 화제였던 영화 〈슬럼독 밀리어네어Slumdog Millionaire〉를 보려고 작정하고 나서 그 전에 영어 원작을 읽고 싶었다. 물론 2주일로 예정했다. 당시는 독서에만 시간을 쓰지 못하는 형편이었고 책도 꽤 두꺼웠다. 하지만 2주일이면 다 읽겠다고 어림잡아 계산했다. 각 장이 나누어져 있어 하루 1장씩을 목표로 읽어나갔다.

사실 원서를 볼 때 내 본심은 계획을 지키며 읽어나가는 것 자체가 목표인지도 모른다. 그래서 때로는 집중해서 단기간에 읽어치우는 경우도 있지만 특별히 그럴 필요가 없는 한 2주일 단위로 즐기는 경우가 많다. 그렇게 해서 다 읽으면 뭔가 한 가지 일을 해냈다는 성취감도 생긴다.

또 하나 재미있는 일은 그렇게 일정한 기간 동안 한 권의 책을 가방에 넣고 다니는 사이에 책이 나와 친근해진다는 사실이다. 이런 느낌은 겪어본 사람만이 알겠지만 정말 특별하다. 2주일 동안 나와 행동을 함께한 책에 대한 의인화된 친근감 같은 것이 생긴다. 그래서 순식간에 읽어치운 책에 비해 깊은 인상이 남는다.

그런 독서법으로 대략 한 달에 두 권을 읽는다. 이는 내 독서 방식으로 자리잡았다. 2주일은 즐겁고 기분 좋게 공부하기 위한 가장 적당한 기간이다.

10

흥미가 가는 나만의 '붐'을 찾아라

일정 기간 동안 흥미로운 동일한 테마가 머릿속에 계속 자리 잡고 있어야 공부가 되는 것이다.

예를 들어 『논어』에 대해 관련 서적을 읽어나가다 보면 그 2주일은 머릿속에 『논어』가 들어 있다. 관련 서적은 얼마든지 있다. 다른 일 다 제쳐놓고 『논어』만 생각할 수야 없겠지만 이와 관련된 책 몇 권 읽는 동안만큼은 『논어』의 머리가 된다. 『논어』에 대한 관심의 정도가 높아짐은 물론이고 그에 대해 꽤 상세한 정보를 갖게 된다. 비록 얇은 자료나 책일지언정 몇 권을 훑어보는 사이에 지식이 축적된다. 결국 『논어』에 대해 '말할 만한 머리'로 바뀐다. 그러면 자연스럽게 업무 아이디어가 속속 떠오른다. '『논어』와 주판이라는 주제로 글을 쓰면 어떨까? 상당히 재미있을 것 같다', '공자가 만약 지금까지 살아 있다면 어떤 정신적 지도자가 되었을까?'라는 식으로 말이다.

그런 일에는 2주일이라는 단위가 좋다. 2주일이라고 정하지 않고 질질 끌면서 일하면 모처럼 읽은 갖가지 책마저도 잊어버리고 만다.

구분지어 한계를 정해 둔 시간이므로 받아들인 지식의 100% 활용이 가능하다.

이는 '캠프'를 예로 들면 쉽게 이해가 갈 것이다. 캠프에서는 정해진 날만큼만 텐트를 치고 모닥불을 피우며 왁자지껄 떠들어대고 신나게 논다. 일상과는 달리, 시간이 한정된 상황이라서 무슨 일을 하든 재미있고 즐겁다. 이른바 '논어 캠프'이다. 만일 캠프가 일상이었다면 틀림없이 다른 기분이었으리라. 무엇을 하든 불편하고 귀찮아진다.

어떤 공부든 상관없다. 원전이 어렵다면 해설서나 가벼운 관련 서적도 좋다. 자신에게 맞는 형태를 도입하면 2주 만에 많은 것을 '말하는 능력을 가지게 된다.' '말하는 능력을 가진 머리'가 되면 자연히 '말하고 싶어진다.' 2주간 '빅뱅'에 흥미를 갖고 공부하다 보면 누

구를 만나든 빅뱅에 대해 이야기하게 될 것이고, 듣는 사람도 재미있어 할 것이다. 그리고 2주일이라는 기한이 지나면 빅뱅 머리를 교체해서 다음 2주일 동안은 전혀 '다른 머리'로 바꾼다. 이렇게 관심사를 옮겨가며 탐구하는 것도 공부를 하는 하나의 방법이다.

11

돈을 투자하면 공부에 애착이 생긴다

이미 말했듯이 외국어 공부를 시작할 때, 어려운 원서부터 무리하게 파고들지 않아도 된다. 우선은 자신에게 '안내자'가 되어줄 책이나 잡지를 찾아서 그것부터 시작하기를 바란다. 도서관에 가면 만만한 내용의 잡지나 책은 수없이 많다. 요즘은 인터넷으로도 다양한 정보와 자료를 얻는다.

그렇기는 하지만 돈을 투자하는 것도 큰 의의가 있다. 돈을 어떻게 쓰는가는 가치관의 차이에 따라 다르다. 내 생각을 말하자면 머리를 단련하기 위해서는 어느 정도 투자가 필요하다고 본다. 소중한 돈을 쓰면 반드시 그만큼의 효과가 돌아온다. 그것이 설령 단 한 권의 책이라 할지라도 돈을 주고 샀다면 애착이 생겨 '공부해야지'라는 생각이 든다.

그래서 나는 책을 쉽게 사는 편이다. 도서관에서 빌려 읽는 방식이 나에게는 맞지 않는다. 나중에 반환한다고 생각하면 읽을 마음이 달아난다. 돈이 없을 적부터 나는 책만은 사서 읽었다.

투자하면 투자한 만큼 보답이 있다. 자신에게 유용하게 돈을 쓰는 사람은 다양한 의미에서 인간으로서의 깊이, 판단력, 이해력을 갖춰 나간다. 그렇게 하면 아등바등하지 않아도 자연스럽게 출세로도 연결된다.

12

14주일이 한눈에 보이는 수첩 활용법

결국 단순히 지식을 늘리는 것만으로는 그 사람의 피와 살이 되지 않는다. '머리가 좋고 아는 것이 많지만 쓸모가 없는' 사람은 얼마든지 있다.

중요한 것은 흡수한 이러저러한 지식을 활용해 현실의 구체적인 생활 속에서 판단을 내릴 줄 아는 능력 즉, 응용력이 있어야 한다는 점이다. 그리고 가능하면 전문 분야 외에도 폭넓은 지식을 가져야 한다. 진정한 교양이란 그런 것을 말한다.

진정한 교양은 굳이 드러내지 않아도 자연스럽게 배어 나온다. 사소한 일상의 언동 하나하나에 공부한 성과가 배어 나와 주위에 전달된다. 그것이 종합적으로 높이 평가를 받아 출세에도 도움이 된다.

전문 분야 이외의 지식을 폭넓게 갖추기 위해서는, '영어 자격, ○○사 자격을 따자'라며 눈앞의 실리를 좇아 공부하는 것만으로는 부족하다. 특정한 시기나 특정한 업무에는 분명 도움이 되겠지만 시종일관 그것만 공부한다면 오히려 시야가 좁아질 우려가 있다.

그렇다고 무엇이든 이것저것 손대라는 뜻은 아니다. 자신이 깊이 있게 추구하는 공부는 몇 년이든 계속하면 된다. 그것과는 별도로 앞에서 말한 바와 같이 '몰두할 대상을 차례차례 바꾸는 2주 공부법'을 통해 폭을 넓히고 깊이를 심화시키는 공부가 중요하다.

공부는 좁거나 작고 딱딱하지 않아야 한다. 한눈팔지 않고 공부해 온 것이 있다면 잠시 제쳐두라. 새로운 것을 흡수하라. 이것은 원래 하던 공부에도 분명 상승효과를 가져다줄 것이다.

이 경우에도 수첩을 잘 활용하기 바란다. 2주일을 한눈에 보는 형식이라면 더 좋다. 또한 일의 내용에 따라 기입하는 볼펜의 색을 바꾸기 바란다. 예를 들자면 다음과 같다.

★ 항상 하는 일이나 습관적인 행동 : 빨강, 파랑(중요도로 구분한다)

★ 추가적인 취미나 공부로 하는 일 : 녹색

각 2주일을 '○○주'라고 이름을 붙여도 재미있다. 이것저것 기록한 수첩을 보면 무엇을 하고 무엇을 하지 않았는지 확실하게 한눈에 보인다.

만일 '나는 언제나 빨강과 파랑투성이군. 녹색 부분이 빈약해'라고 느꼈다면 어떤 행동을 취하면 좋을까? 가끔 미술관이나 연극을 보러 갈 마음이 생기고 평소에는 별로 하지 않았던 일을 해보고 싶을 것이다. 극단적으로 말하면 '쓰기 위해 행동한다'이다. 수첩에 충실하게

적으려고 행동이 변화한다.

지적 능력과 스포츠 능력도 마찬가지다. 단련하면 신장한다. 훌륭한 트레이닝 방법을 습관화한다면 누구라도 강력한 지적 능력을 자기 것으로 만들게 된다.

공부습관 달라지는 책

초판 1쇄 인쇄 2012년 1월 16일
개정판 1쇄 발행 2015년 5월 15일

지은이 사이토 다카시
옮긴이 한성례
펴낸이 이범상
펴낸곳 (주)비전비엔피·비전코리아

기획 편집 이경원 박월 윤자영 강찬양
디자인 최희민 김혜림 이미숙
마케팅 한상철 이재필 김희정
전자책 김성화 김소연
관리 박석형 이다정

주소 121-894 서울특별시 마포구 잔다리로7길 12 (서교동)
전화 02) 338-2411 | **팩스** 02) 338-2413
홈페이지 www.visionbp.co.kr
이메일 visioncorea@naver.com
원고투고 editor@visionbp.co.kr

등록번호 제313-2005-224호

ISBN 978-89-6322-083-3 03320

· 값은 뒤표지에 있습니다.
· 잘못된 책은 구입하신 서점에서 바꿔드립니다.

「이 도서의 국립중앙도서관 출판예정도서목록(CIP)은 서지정보유통지원시스템 홈페이지(http://seoji.nl.go.kr)와 국가자료공동목록시스템(http://www.nl.go.kr/kolisnet)에서 이용하실 수 있습니다.(CIP제어번호: CIP2015015506)」